Die Geschichte ihrer Katzen erzählt Monica Huchel in diesem Buch, die Geschichte von Fürst Myschkin, von Bijou, Chéri und Chichi, von Joujou, Minouche und Misi, von Ninette und Stummelschwanzmutter. Sie alle sind nicht fortzudenken aus ihrem wie aus Peter Huchels Leben. Der Umgang mit Katzen, als Wechselbeziehung aufgefaßt, ist für die Autorin eine hervorragende Schule für gegenseitige Achtung, für Toleranz. »Katzen lehren uns vieles, wenn wir nur den Verstand aufbringen, uns belehren zu lassen«, schreibt Monica Huchel. »Allein die Tatsache, daß sie uns scheinbar auf Gedeih und Verderb in die Hand gegeben sind, ist für uns die erste erzieherische Hürde. Man nimmt sie nur dann, wenn man begriffen hat, daß Katzen niemals bereit sind, sich nach menschlicher Vorstellung formen zu lassen. Sie sind Fremdlinge vom ersten Augenblick an, doch erfüllt ihre lautlose Anwesenheit das Haus mit geheimnisvoll Vertrautem. In diesem scheinbaren Widerspruch offenbart sich viel vom Wesen der Katze.«

insel taschenbuch 2368

Monica Huchel

Meine Katzen

Monica Huchel
Meine Katzen

Ein Brevier

Mit zahlreichen Fotografien

Insel Verlag

insel taschenbuch 2368
Erste Auflage 1997

Hinweise zu dieser Ausgabe am Schluß des Bandes
Vertrieb durch den Suhrkamp Taschenbuch Verlag
Umschlag nach Entwürfen von Willy Fleckhaus
Satz und Druck: Wagner GmbH, Nördlingen
Printed in Germany

1 2 3 4 5 6 – 02 01 00 99 98 97

Bijou
Chéri
Chichi
Joujou
Minouche
Misi
Fürst Myschkin
Ninette
Stummelschwanzmutter

London, 16. Oktober (AP) Wer einen Vogel hat – oder irgendein anderes Haustier –, ist körperlich und geistig gesünder als Leute, die keine Haustiere halten. Diese Meinung vertritt der britische Verhaltensforscher James Serpel von der Universität Cambridge. In der jüngsten Ausgabe des »New Scientist« schreibt er, die Vorteile der Haustierhaltung würden kraß unterschätzt und mißverstanden. In Großbritannien werden, so Serpel weiter, 5,7 Millionen Hunde, 5,2 Millionen Katzen und einige Millionen Sittiche, Kanarienvögel, Kaninchen und andere Tiere zum Spielen, Streicheln und Hätscheln gehalten. Die meisten Tierbesitzer sind entgegen einem weitverbreiteten Vorurteil nicht einsame, alleinstehende Frauen, sondern junge Familien mit Kindern. »Haustiere sind höchst vorteilhaft, und es lohnt sich wirklich, sie zu halten«, schreibt Serpel. Sich mit seinem Tier zu unterhalten und es zu streicheln senke den Blutdruck und lockere nervöse Anspannungen und Depressionen. Leute mit verschiedensten Leiden, von Herzkrankheiten bis Alkoholismus, könnten ohne große Kosten behandelt werden, wenn man ihnen ein Haustier zum Umsorgen gebe. Der Verhaltensforscher zitiert auch eine Studie in einer amerikanischen Nervenanstalt, wo durch Tiertherapie die Zahl der Selbstmordversuche und der Gebrauch von Beruhigungsmitteln auf die Hälfte zurückgegangen sei. Klinische Versuche in den Vereinigten Staaten hätten deutlich gezeigt, daß bei der Behandlung psychischer Leiden Haustiere besonders wirkungsvoll seien. »Die Liebe, Achtung und Anerkennung anderer hat die Macht, die Gesundheit wiederherzustellen, und in einigen Fällen können Haustiere in dieser Hinsicht wirkungsvoller sein als Menschen«, meint der Wissenschaftler.

Frankfurter Allgemeine Zeitung, 17. 10. 1983

Aufs schwimmende Nebelhaupt
der Eiche
setzt sich die Krähe.
Der Katzenbalken ist leer.

Peter Huchel

Gewiß, es gibt viel zu viele Katzen auf der Welt. Und zuwenig Menschen, die sich ihrer annehmen. Eine »natürliche« Auslese findet noch durch die auf den Landstraßen dahinrasenden Autos statt, durch Fänger, die die Tiere zu Versuchszwecken an Institute verkaufen, durch Gift und Fallen in Nachbars Garten. In Rom sah ich eines Tages in den Grünanlagen bei der Cestius-Pyramide, nahe dem evangelischen Friedhof, viele größere und kleinere Gehege. Die Stadtverwaltung hatte sie eingerichtet und Pfleger bestellt, die sich um die Katzen und deren Nachwuchs kümmerten. Das ist der berühmte Tropfen auf den heißen Stein. Denn im Park des Vatikans zählte ich an die neunzig Katzen, die sich klein, mager, buntscheckig und lebensgierig in der Sonne räkelten; vom Forum Romanum, wo sich hinter jedem Stein mindestens eine Katze sonnt, will ich gar nicht erst reden.

Auch in der Villa Massimo wimmelte es von Katzen, und ich glaube kaum, daß ich mich dort besonders beliebt gemacht habe, wenn ich auch noch Katzen mitbrachte, die halb verhungert im Rinnstein gegenüber, vor der algerischen Botschaft, gelegen hatten. Katzen, Katzen, wohin man sah. Bis Antonio, der neue Portier der Villa Massimo, auf die für seine Verhältnisse – oder stammte sie nicht von ihm – geniale Idee kam: Er stöberte in den Ateliers, im Park, in den Garagen, in den Waschküchen jeden frischen Wurf Katzen auf, steckte vier bis fünf von ihnen in einen fest verschließbaren Karton und gab einen dicken mit Chloroform getränkten Wattebausch hinein. Eine Viertelstunde später wurde der Karton dann verscharrt.

Nur einen bestimmten Wurf zu finden, gelang ihm nie: einen Wurf der Stummelschwanzmutter. Das war eine alte, kluge, äußerst häßliche Katze, die ihren Schwanz bis auf einen kleinen, vom Körper abstehenden Rest eingebüßt hatte. Einmal im Jahr, seltener zweimal, war sie trächtig. Des Pförtners alles erspähenden Blicken war das natürlich nicht entgangen. Aber dann verschwand sie. Wo sie ihre Jungen warf, habe ich nie herausgefunden, doch durch Zufall entdeckte ich den Platz, wo sie sie versteckt hielt. Eines Abends, als es schon dämmrig war, huschte sie an mir vorüber, und mir schien, sie trüge etwas im Maul. Zuerst nahm ich an, es sei eine Maus, aber dann sah ich, wie sie mit einem gewaltigen Satz auf ein Garagendach sprang und von da aus geradezu halsbrecherisch über Mauervorsprünge in den alten Wasserturm kletterte. An dessen eisernem Tor hing ein Warnschild, er war schon lange wegen Baufälligkeit geschlossen. Während ich noch überlegte, warum ein so stämmiges und reso-

Katzen vor der Mauer der algerischen Botschaft

lutes Tier wie sie solche Kletterpartien unternahm, um ihre Beute zu verzehren, sprang sie schon wieder vom Garagendach herunter und lief an mir vorbei. Wenn ich sie jetzt angerufen hätte, wäre sie stehengeblieben, ich hätte sie gestreichelt und mit ihr gesprochen, aber ich rief sie nicht. Denn mir war durch ihre Zielstrebigkeit und ihre Eile klargeworden, daß sie ihre bestimmt erst ein paar Tage alten Jungen in den Turm und in Sicherheit brachte. Noch zweimal wiederholte sich der Vorgang, beim letztenmal blieb sie im Turm. Erst am nächsten Morgen sah ich sie wieder, als sie unter den miß-

Katzen aus der Villa Massimo

trauischen Blicken des Portiers seelenruhig in die entgegengesetzte Richtung ging.

In Venedig folgte ich eines Abends einer alten Frau, die mit einem Eimerchen von Trattoria zu Trattoria zog und mir plötzlich geheimnisvoll zuflüsterte: »Prego, Signora, andiamo« –, um mir zu zeigen, wie sie die eingesammelten Abfälle an mindestens dreißig Katzen, die im Handumdrehen herbeigeeilt waren, verteilte – es gibt wirklich schrecklich viel Katzen auf der Welt.

Und es gibt, wie gesagt, nicht genug Menschen, die Katzen zugetan sind. Das lautlose Schleichen, das bei plötzlichem Lichteinfall grell aufleuchtende Augenpaar, die schrille Katzenmusik bei Vollmond macht vielen die Katzen unheimlich. Haftet dieser Ablehnung vielleicht immer noch etwas von jenem mittelalterlichen Aberglauben an, wonach die Hexen es mit den Katzen hielten und umgekehrt, und weswegen man beide gleichermaßen verfolgte? Während die Hexen verbrannt wurden, tauchte man Katzen in siedendes Öl, schleuderte sie von hohen Mauern und Türmen in die Tiefe oder peitschte sie mit Geißeln zu Tode. Auch gefoltert wurden Katzen zu jener Zeit. In den sogenannten Katzenorgeln zwängte man sie in engste, rechteckige Gelasse vor der Klaviatur, und bei jedem Anschlag traf ein metallener Dorn den Schwanz der Katze, die dann qualvoll aufschrie. Stammt auch der Schreck vor der Unglück verheißenden schwarzen Katze, läuft sie einem unversehens über den Weg, aus dieser Zeit?

Auch das ist Unsinn und Aberglaube. Stand die Katze doch zu anderen Zeiten und in anderen Ländern in hohem Ansehen. Landauf, landab wurde ein ansehnlicher Preis für sie gezahlt, damit sie Haus und Hof und vor allem die Kornspeicher von Ratten und Mäusen freihielt. Eine schöne Geschichte, die den damaligen Wert der Katze deutlich macht, ist uns aus der Wende des ersten Jahrtausends aus Japan überliefert. Dorthin war die Katze aus China gekommen. Eines Tages warf eine Kätzin in den Gemächern des kaiserlichen Palastes zu Kioto. Als der Kaiser den Wurf von sechs ungewöhnlich schönen Kätzchen erblickte, gab er sogleich den Befehl, diese Katzenfamilie in behüteter Abgeschiedenheit zu versorgen und vor allem fremde Katzen von ihr fernzuhalten. Da die Bewohner Kiotos ihrem Kaiser aufs Wort gehorchten, hielten sie ihre Katzen von nun an hinter verschlossenen Türen. Hier konnten sie zwar die wenigen Mäuse fangen, die sich an Kokons oder an kostbaren seidenen Bucheinbänden zu schaffen machten, doch es fehlte ihnen die Jagd auf den Feldern und in den Scheunen. So wurden die Katzen fett und faul. Das war die Chance der Mäuse: Es gelang ihnen, so viel Landwirtschaft und so viel Seidenweberei zu zerstören, daß beides im Begriff stand, zusammenzubrechen. Die Verwaltung erließ also ein neues Dekret, wonach alle Katzen augenblicklich freizulassen und ihrer Funktion als Staatsdiener des Mäusefangs wieder zuzuführen seien.

Beziehungen zwischen Mensch und Katze gab es bereits in der Mitte des 6. Jahrtausends vor unserer Zeitrechnung. Ausgrabungen in der Nähe der heutigen Stadt Burdur in Westanatolien förderten unter anderem Tonstatuetten zutage, die Frauen darstel-

Katzen aus der Villa Massimo

len. Neben sitzenden, liegenden, stehenden Einzelfiguren gibt es auch Gruppen: Eine Frau auf einem Leopardenthron mit einer Katze auf dem Arm; eine andere Frau, die eine mit den Hinterbeinen auf ihrem Schoß stehende Katze vor sich hält. Es ist die Falbkatze, die in ganz Afrika und Vorderasien heimisch ist.

Auch bei Hindus und Mohammedanern erfreute sich die Katze größter Wertschätzung. Eine mohammedanische Legende weiß zu berichten, die erste Katze überhaupt verdanke die Menschheit einem Löwen aus der Arche Noah – der habe sie aus seiner Nase herausgeniest. Eine andere Legende erzählt, Mohammed habe sich einmal ein Stück seines Gewandes abgeschnitten, auf dem seine Lieblingskatze, die er beim Aufstehen nicht wecken wollte, gerade eingeschlafen war.

Freia, die Göttin der Liebe und der Fruchtbarkeit bei den Germanen, fuhr in einem mit Wildkatzen bespannten Wagen. Die Kelten hielten Katzen für übernatürliche Wesen. Ihre Augen seien Spiegel, durch die nur wenige Auserwählte einen Blick in das Reich der Feen tun könnten. Die Feen wiederum betrachteten durch das Auge der Katze die Welt. Das Christentum hält nichts von Tieren, so ist ihnen auch kein Platz im Jenseits reserviert. Nach Thomas von Aquin haben Tiere zwar eine Seele, doch da die Tierseele nicht »unzerfällig« ist, wie die menschliche Seele, vergeht sie mit dem Zerfall des Leibes. Also kein Jenseits, keine Unsterblichkeit, kein Paradies.

Während die Ägypter lange vor unserer Zeitrechnung die Katze – die nordafrikanische Falbkatze, die Stammform unserer heutigen Katze – als heiliges Tier ansahen, das sie, wenn es gestorben war, mumifizierten und im Tempel der Göttin Bast beisetzten und mit dem Tode bestraften, wer eine Katze umgebracht hatte, kam sie zu den Griechen und Römern erst viel später. Ihr uns geläufiger Name geht auf diese Zeit zurück, catus, das sowohl Katze als auch listig, schlau bedeutet. Auf dieser lateinischen Grundform basieren unter anderem das englische »cat«, das italienische »gatto«, das französische »chat«, das russische »koschka« und natürlich das deutsche Wort »Katze«.

Eine Katze, die ich einmal schwer verletzt im Straßengraben auflas, ließ sich widerstandslos ins Haus tragen und in einen Korb legen. Als ich sie eine Stunde später, im selben Korb und ohne sie anzurühren, ins Auto trug, um sie zum Arzt zu fahren, biß sie mir den Mittelhandknochen der rechten Hand durch. War diese Katze nun böse? Natürlich nicht. Warum hat sie gebissen? War es Angst, gerade erst überwundener Schock, das laute Aufspringen der Heckklappe? Wahrscheinlich alles zusammen. Der Arzt kommentierte kopfschüttelnd, nicht ein-

Chichi

mal seinen eigenen Hund fasse er an, wenn dieser verletzt sei. Umgang mit Tieren will gelernt sein. Vielleicht kann mein langjähriger Umgang mit Katzen ein wenig dazu beitragen.

Als wir nach Hause zurückkamen, war Fürst Myschkin gerade ausgegangen. Nur Chichi gähnte uns aus seinem Korb entgegen. Wir stellten die Tasche ab, die wir den ganzen Weg lang zwischen uns getragen hatten, unser Sohn Stephan und ich, und schlossen die Verandatür. In der Tasche rumpelte und fauchte es, Bijou und Joujou befanden sich darin, ein schwarzer und ein roter Zwilling, elf Wochen alt und unterwegs in eine fremde, Furcht einflößende Welt.
Wir liebten sie schon jetzt, die beiden Käterchen. Doch machten wir uns auch Gedanken darüber, daß wir sie von der Mutter fortgeholt hatten, sie mitnahmen in ein neues Zuhause mit neuen Gefahren? Ich gestehe, wir machten uns keine Gedanken darüber. Im Gegenteil, wir boten ihnen Haus und Garten, wir waren überzeugt davon, Gutes zu tun, zumal Katzenmutter Jacky nur noch widerstrebend ihren Pflichten nachgekommen war und schon wieder nach fremden Katern Ausschau hielt. Jacky ist unwiderstehlich schön, sie hat ein schwarzes Fell mit leuchtend roten Streifen. Sie ist breit und kurzbeinig, aber ihre malachitfarbenen Augen funkeln

betörend. Niemand weiß, wie alt sie ist, sie hat Generationen von Katzen geboren. Ihre Jungen kommen immer schwarz oder rot zur Welt, die schwarzen haben noch den roten Schimmer im dunklen Fell und weiß gefütterte Öhrchen, die roten sind symmetrisch mit dunklerem Rot geringelt.
Bijou und Joujou waren inzwischen aus der Tasche herausgeklettert. Sie hatten noch kein Frühstück gehabt, so war es ausgemacht. Denn die erste Frage beim Umgewöhnen in eine neue Umgebung ist immer: Nehmen sie zu essen an oder nicht. Sie nahmen an, die mit einem Eigelb verquirlte Milch schmeckte ihnen vorzüglich. Beim zweiten Gang, gekochter Fisch mit Haferflocken, bequemte Chichi sich von einer Sessellehne herunter, auf die ihn seine Neugier getrieben hatte. Er steuerte auf das Menu der Kleinen zu. Mit gesträubtem Fell, Buckel und kerzengerade in die Höhe gerecktem Schwanz stellte sich Joujou, der rotgeringelte, ihm in den Weg. Bijou, der schwarze mit den grünen Jackyaugen, verschwand unterm Schrank.

Chichi ist eine Seele von einem Katerjüngling. Ein Findling im mausgrauen Fell und einem schwarzen wie angemalt wirkendem Verlängerungsstrich über den Augenwinkeln, der ein bißchen an Geishas erinnert. Er streifte das Essen nur

Chichi

mit einem Blick. Sein Napf stand am gewohnten Platz, Katzen sind nicht futterneidisch wie Hunde. Sollte Joujou also ruhig fauchen, er drehte sich um und fraß aus dem eigenen Napf. Joujous Angstfauchen hörte auf, der Hunger war größer als die Angst, beide Köpfe, der schwarze und der geringelte, tauchten wieder im Fischmenu unter.

Chichi beobachtete die Kleinen vorerst noch mit geziemendem Abstand. Er hatte seine Erfahrungen. Keine guten, fürchte ich. Wenn auch bestritten wird, daß Tiere kausal zu denken imstande sind, ist doch offenkundig, wie sicher sie aus Erfahrungen lernen. Ich male mir oft aus, woher Chichi wohl stammen könnte. Sein zutrauliches, zärtliches Wesen, sein variables Murr-Murr, das phonetisch kaum wiederzugeben ist und mich jedesmal an das lautmalerische russische Wort für schnurren »murlykatj« erinnert, lassen vermuten, daß er ein gutes Zuhause gehabt hat. Wie er auf eine Verkehrsinsel mitten in der Stadt verschlagen wurde, werde ich nie erfahren. Dort jedenfalls saß er im Regen, vom Straßenschmutz über und über bespritzt, verstört und offenbar unfähig, sich von dort fortzubewegen. Bijous und Joujous Ziehmutter, eine katzenfreundliche, hilfsbereite Frau, der er schon am Morgen aufgefallen war, nahm am Mittag das nasse, zitternde Tier mit nach Hause zu ihren zwei Katzenmüttern und einem Katerjüngling, einem früheren Sohn von Jacky. Doch die Katzenmütter verabscheuten Chichi. Sie teilten Ohrfeigen aus, und besonders Jacky verteidigte ihre Jungen. So wurde Chichi in die Küche verbannt. Dort hatte er zwar gutes Essen und auch menschliche Zuneigung – aber keine Freiheit. Und nichts begehren Katzen so sehr wie Freiheit und ein Leben nach eigenem Geschmack.

Tagaus, tagein saß Chichi am Küchenfenster und sah den Vögeln nach. Die erste Woche verstrich. Wir hatten Bijou und Joujou besucht und standen beim Gartentor. Hinterm Küchenfenster saß Chichi. Sein

Köpfchen bewegte sich im Rhythmus der vorbeihuschenden Vögel. Mein Mann sagte, der kleine Kater sei schön und nichts erschüttere ihn mehr, als jemanden der Freiheit beraubt zu sehen. Ich sagte nichts und dachte an Fürst Myschkin zu Hause und unseren Vorsatz, nur zwei gleichaltrige Kätzchen zusammen aufzuziehen.

Eine Woche lang hatte ich Chichis Kopf hinterm Fenster vor Augen. Mein Mann sicher auch, aber wir sprachen nicht darüber. Beim nächsten Besuch nahm ich Chichi mit. Vielleicht war das seine Rettung, denn er sollte jemandem gegeben werden, der ihn sofort kastrieren lassen wollte. Ich sagte ›vielleicht‹, weil ich nicht weiß, wie sein Katerleben von nun an verlaufen wird. Sicher hart und gefahrenreich, doch ohne ihn seiner wichtigsten Funktion beraubt zu sehen. Kater lieben die Liebe, sie sind Tage und Nächte unterwegs, sie sitzen viele Stunden lang vor dem Haus ihrer Schönen, sie maunzen und singen, und es ist erstaunlich, welche Skala von Tönen eine Katerbrust hervorbringen kann. Wieviel Zärtlichkeit, Klage und sehnsuchtsvolles Verlangen sind da herauszuhören, doch auch wieviel Selbstbewußtsein und Vertrauen auf die eigene Kühnheit. Auch Baudelaire sagt von der Katze, der geheimnisvollen, der seraphischen Katze, ihre Stimme schläfere die ärgsten Leiden ein, sie bedürfe keiner Worte, um die längsten Sätze zu sprechen und in ihr sei

Bijou und Joujou

alles, gleichwie in einem Engel, von Zartheit wie von Harmonie durchwirkt.

Als wir Bijou und Joujou zu uns nahmen, war Chichi erst wenige Wochen bei uns. Niemand wußte, wie alt er war. Ich taxierte ihn auf sieben Monate, denn der Zahnwechsel, der zwischen dem fünften und sechsten Monat stattfindet, mußte hinter ihm liegen, das war seinen Zähnen anzusehen. Auch Körperbau und Bewegungen sprachen für dieses Alter. Wie würde er sich nun den beiden Neuankömmlingen gegenüber verhalten? Das war die bängliche Frage. Elf Wochen alte Katzen erscheinen auf den ersten Blick tolpatschig. Sie sind ganz Kopf und Ohren, und man wundert sich, daß sie beim Gehen nicht vornüber fallen. Aber man täuscht sich. Sie sind harmonische, überaus graziöse Wesen, und sie vermögen bereits einem Standbild gleich zu sitzen, den Schwanz wohlgeordnet um die Vorderpfoten geschlungen wie die Alten – oder poetisch ausgedrückt, mit Baudelaire: »... ils prennent en songeant les nobles attitudes des grands sphinx ...« Ein Buch ließe sich füllen über die Anmut und Grazie einer Katze. Keine ihrer Bewegungen, ob sie sich putzt, Nahrung zu sich nimmt, springt, schleicht, sich duckt, schreitet, zum Sprung ansetzt, ist unvereinbar mit ästhetischen Vorstellungen.

Ich spreche hier, wohlgemerkt, von unserer gewöhnlichen Hauskatze, Felis catus domestica, die jederzeit auch auf freiem Feld, in den Straßen und auf Müllabladeplätzen anzutreffen ist. Sie liegt mir am Herzen. Die feinere Spezies, die ebenfalls Felis catus domestica heißt, hat ein feineres Umfeld. Es ist die Rassekatze, die man für teures Geld erwerben kann, und die ich nicht besonders mag. Gewiß, sie sind schön anzusehen, die Perser- und Siamkatzen, die blauen Karthäuser, auch Malteser genannt, die schwanzlosen Mankatzen. Doch wo immer ich mit ihnen in Berührung kam, konnte ich mich des Ein-

Fürst Myschkin

drucks nicht erwehren, die Zucht – und da vor allem die Ausrichtung auf noch schöneres Fell, noch stärkere Kontrastierung zwischen Augen- und Fellfarbe – habe ihnen doch viel vom kätzischen Wesen genommen.

Ich habe Perserkatzen – auch Angorakatzen genannt, weil sie ursprünglich aus der Türkei stammen – gesehen, die saßen auf samtbezogenen Fauteuils und beleckten, gewissermaßen kopfschüttelnd, ihre bis auf ein Minimum abgefeilten Krallen. Warum wohl abgefeilt? Die feinen Sessel hätten Schaden nehmen können. Daß man Luxuskatzen

nicht auch noch Ohren und Schwänze kupiert, grenzt an ein Wunder.
Unsere gewöhnlichen Hauskatzen, das gebe ich zu, kratzen mit Vorliebe an Sesseln, sie zerkratzen auch die Tapete neben der Tür, wenn sie versehentlich eingesperrt wurden. Aber sie können auf Bäume klettern und vor allen Dingen auch wieder herunter, mit Hilfe ihrer Krallen, und sie können mit ebendiesen herausgestreckten nadelscharfen Krallen beachtliche Hiebe austeilen bei Revierkämpfen und Liebeshändeln. Was soll eine fast krallenlose Katze? Sie ist verunstaltet, geschädigt und schutzlos. Nein, man bleibe mir vom Leib mit Rasse. Nicht auszudenken, was wäre, träfe so ein feines Edelkatzenfräulein beim Abendbummel im Garten einen ordinären Hauskater! Das ganze Renommee wäre hin, denn der Fehltritt zöge sich durch Generationen.

Fürst Myschkin ist ein Bild vollendeter Harmonie Nach Körperbau und Größe verzeichnet die einschlägige Fachliteratur ihn schlicht als ›ägyptische Schlankrasse‹. Doch wieviel mehr steckt hinter dieser lakonischen Bezeichnung. Myschkin ist wahrhaft das Katzentier der alten ägyptischen Sage, in dessen Gestalt der Sonnengott Re gegen die Aphophi-Schlange, den Dämon der Finsternis, zu Felde zog. Denn Myschkin ist strahlend weiß, kein

Fleckchen ist an ihm, und seine mondfarbenen Augen beschwören die märchenhafte Vorstellung, wonach die Katze bei den Ägyptern auch als Vertreterin des Mondlichts angesehen wurde, als ein dem Mond zugehöriges Wesen, gemäß den Analogien zwischen Mond und Katze: nächtliche Regsamkeit und Veränderlichkeit, sowie des Mondes Einfluß auf die Fruchtbarkeit der Katze. Nach Plutarch, der in den heiligen ägyptischen Dingen wohlunterrichtet war, soll die Katze zuerst ein Junges werfen, dann zwei, dann drei, vier, fünf, sechs, sieben, so daß es im ganzen achtundzwanzig sind, soviel der Monat Tage hat. Myschkins Augen füllen sich im Mondlicht mit flüssigem Gold, dieser weiche, metallene Glanz ist bei Tageslicht niemals zu sehen.

Eines Morgens im November saß er auf dem Holunderstrauch bei der Haustür. Stolz und edel, aber doch auch ein bißchen fremd und verloren. Wie eben Fürst Myschkin im Zug nach Petersburg gesessen hatte, mit seinem in verblichenes Seidentuch gewickelten armseligen Reisebündel. Da stand sein Name auch schon fest, er war in unser Haus geraten wie Fürst Myschkin zu den Jepantschins. Vielleicht sind auch wir ein wenig miteinander verwandt, ich weiß es nicht, geblieben aber ist eine Aura von Fremdheit, eine echte und wahre, wie sie eben Individualisten im Verkehr miteinander auszeichnet.

Fürst Myschkin führt sein eigenes Leben. Er liebt es,

Fürst Myschkin

am Tag zu schlafen, denn Katzen sind Nachttiere. Im Sommer schläft er in einer Mulde im hohen Gras, im Winter auf einer Couch im Haus. Gegen achtzehn Uhr nimmt er sein Nachtmahl ein, das er im Laufe des Tages schon einmal begutachtet hat. Am liebsten ist ihm gekochter Fisch oder gekochtes Fleisch, auf rohes Fleisch ist er weniger aus als Chichi. Ein erwachsener Kater – natürlich auch die Katze – braucht einmal am Tag etwas zu fressen. Myschkin verteilt seine Ration über die ganze Nacht. Die letzten Happen verzehrt er morgens, bevor er sich für den Rest des Tages zur Ruhe begibt.

Je älter ein Kater wird, desto weniger ausgiebig schnurrt er. Als ein Zeichen vertrauensvoller Sympathie ist schon anzusehen, wenn er in Achterschleifen die Beine des jeweils von ihm Bevorzugten umkreist. Dann darf man ihn auch anfassen und streicheln. Aber wehe, versucht man es, wenn der Fürst gerade nicht dazu aufgelegt ist! Im günstigsten Fall gibt er sein Mißbehagen in einem kurzen, knurrenden Fauchlaut kund, der ein bißchen an Raubtiergebrüll erinnert. Natürlich können Katzen nicht brüllen, ihr Zungenbein ist verknöchert, das der Großkatzen ist elastisch. Dafür kommen die Großkatzen aber auch mit dem Schnurren nicht gut zurecht, nur beim Einatmen gelingt ihnen der Schnurrlaut. Manchmal spart Myschkin sich auch das Knurren und umklammert statt dessen mit herausgestreckten Krallen die Hand, die ihn berühren möchte, und man tut gut daran, sich sehr vorsichtig und vor allem langsam aus dieser Umarmung zu lösen.

Der Katzenunkundige pflegt dann festzustellen, Katzen seien falsch, man habe es doch gut gemeint. Katzen sind natürlich nicht im mindesten falsch, sie sind nur Geschöpfe, deren Wesensart man respektieren sollte. Nur ein törichter Mensch kann sich einbilden, die Katzen seien für ihn da. Er ist allenfalls für die Katzen da. Sie brauchen ihn, weil es der Mensch war, der sie in Jahrhunderten domestiziert hat, ihnen Nahrung und Obdach gibt, und verhindert, daß sie sich wieder zurück in Wildkatzen verwandeln, vor denen kein Vogel, kein Eichhörnchen, kein Küken sicher wäre, fehlte ihnen der Napf am häuslichen Herd.

Katzen, die gut und ausreichend gefüttert werden, halte ich nach jahrelanger Beobachtung für verhältnismäßig vogelfromm. Ich habe viele Bruten der bei uns im Garten nistenden Stare, Amseln, Kohlmeisen, Spatzen und Rotschwänzchen entstehen und nach ihrem Flüggewerden unangefochten das Nest verlassen sehen. In den zwei Jahren, die Fürst Myschkin zu uns gehört, hat sich nichts daran geändert. Ein Finkenpärchen teilte einen Sommer lang allmorgendlich unser Frühstück, und es trank noch die Teetassen leer, wenn wir vom Tisch aufgestanden waren. Bei Chichi, der nach allem hascht, was an seiner Nase vorüberfliegt, bleibt abzuwarten, wie er sich mit den Vögeln stellt. Doch viele Abhandlungen, die sich mit dem Verhältnis von Katzen zu Vögeln befassen, versichern, es seien immer nur die schwachen und kranken Vögel, die der Katze zum Opfer fallen. Ich halte das nicht für einen tröstlichen Aberglauben. Ich habe einmal ein Amselmännchen Chichi so gezielt angreifen sehen, daß er entsetzt ins Haus und unter einen Schrank flüchtete. Trotzdem will ich nicht bestreiten, daß eine Katze die Lust an der Jagd überkommen kann. Es bliebe noch zu untersuchen, ob nicht der Mensch in weit größerem Maße der Feind der Vögel ist, in seiner unbegreiflichen Sucht, seine Gärten so naturfern wie möglich zu gestalten, mit exotischen Pflanzen und Bäumen, mit kahlgeschorenem Rasen, mit ewig gleichen quaderförmig getrimmten Hecken, in denen die Vögel keinen Lebensraum mehr finden – und auch über den Garten hinaus nicht in einer vom Menschen mehr und mehr ausgeräumten, zubetonierten Welt.

Wer ein Kätzchen aufziehen will, braucht Zeit, viel Zeit. Es gibt nichts Unverantwortlicheres, als es um seiner Possierlichkeit willen besitzen zu wollen. Das ist schlimm und durchaus nicht im Sinn des Kätzchens. Eine Katze ist kein Spielzeug, sie ist ein Individuum. Sie braucht Pflege, viel Pflege. Wer also einen Terminkalender mit Einladungen außer Haus hat, tut gut daran, rechtzeitig abzusagen. Wem das peinlich ist, der suche nach glaubhaften Ausflüchten. Oder er schaffe sich kein Kätzchen an. Kleine Katzen sind wie Babys. Sie benötigen – außer dem täglichen Bad des Säuglings – die gleiche Wartung. Solange das Jungtier noch bei der Mutter ist, tritt die menschliche Zusatzpflege erst in der vierten bis fünften Woche in Kraft. Bis dahin reicht für das Kleine, wie für das Baby, die Muttermilch aus. Wenn dann aber die Milchzähne durchbrechen, muß mit der Zufütterung begonnen werden. Das Kätzchen erhält nun zweimal am Tag, am besten mittags und abends, sehr fein zerkleinertes rohes Fleisch, einen Eßlöffel voll und angewärmt. Im Fleisch sind die Stoffe, die es zusätzlich zur Muttermilch braucht. Lebte es noch in der Wildnis, brächte die Katzenmutter ihrem Wurf um diese Zeit die ersten Mäuse, die mit nadelscharfen Zähnen zernagt würden. Zieht man mehrere gleichaltrige Tiere zusammen auf, achte man darauf, daß jedes einzelne genau seinen Anteil an Fleisch bekommt. Denn es gibt auch unter den Kleinen gierige und langsame. Den gierigen macht es nicht das geringste aus, den langsamen alles wegzufressen. Es hat manchmal sogar den Anschein, als fräßen sie besonders schnell, um sich so noch den andern Anteil einzuverleiben. Das Fleisch, das verfüttert wird, muß einwandfrei sein, denn Katzen sind nicht Aasfresser wie Hunde. Am liebsten mögen sie fettloses Rindfleisch, aber auch mageres Hammelfleisch verschmähen sie nicht. Leber und Nieren lasse ich heute bei der Fütterung lieber weg, weil ich fürchte, sie enthalten Cadmium und andere Schadstoffe. Von den übrigen Innereien bevorzugen Katzen Herz, das ist kräftiges Muskelfleisch. Vor Pansen oder Kutteln, die an sich vitaminreich sind, weichen sie entsetzt zurück, sie sind ihnen wohl zu fleischunähnlich. Manche Katzen mögen Lunge. Meine nicht.

Aber Fleisch ist teuer. Wer aus diesem Grund eine reine Fleischzufütterung umgehen will, kann auf die reichlich im Handel angebotenen Katzennahrung aus Konserven zurückgreifen. Sie verheißt neben Fisch und Fleisch tierische Nebenprodukte, Mineralstoffe, pflanzliche Eiweißextrakte – aber auch Farbstoffe und Konservierungsmittel. Erwachsene Katzen mögen solche Konservennahrung ausgesprochen gern. Vor allem, weil man ihnen zwischen Geflügelfleisch, Wild, Rind und Fisch viel Abwechslung bieten kann. Doch für die Aufzucht meiner Kleinen bleibe ich lieber beim Fleisch, zumindest in den ersten vier Monaten. Zur Belohnung habe ich tagtäglich den Anblick blankfelliger, kraftvoller, stolzer Gesellen, die bei der Fliegenjagd viermal so hoch springen, wie sie groß sind, die Bäume im Spiel hinauf- und hinunterklettern und im Weit- und Hochsprung, proportional zu ihrer Körpergröße, das Olympiamaß beträchtlich hinter sich lassen.

Neben der Nahrung aus rohem Fleisch erhält das Kätzchen von der fünften Woche ab Zukost aus gekochtem Fleisch oder gekochtem Fisch. Vor der Verfütterung von rohem Fisch kann nicht nachdrücklich genug gewarnt werden; er ist eine der

Ursachen zur Übertragbarkeit von Parasiten. Man hüte sich davor, nur filetierten Fisch zu kaufen, in der Annahme, etwas besonders Gutes für die Kleinen zu tun. Fischfilet hat natürlich den Vorteil, daß es grätenlos ist und das Kätzchen sich keine Gräte in den Hals spießen kann. Doch gerade die Gräten enthalten den Kalk, der dem Knochenaufbau dient. Deshalb mischt man am besten Kabeljau- oder Schellfischfilet mit grünem Hering, weil die Gräten des Herings weich sind und sich beim Kochen mit der Fischmasse vermengen. Ich bereite immer abwechselnd diese Gerichte für ein paar Tage vor und hebe sie dann im Kühlschrank auf. Ganz wichtig ist natürlich, daß man alles, auch das rohe Fleisch, vorm Verfüttern auf Zimmertemperatur erwärmt. Keine Katze, auch die erwachsene nicht, verträgt eiskalte Nahrung. Weiter achte man darauf, daß die Kleinen bis zu sechsmal am Tag etwas vorgesetzt bekommen, in der Regel melden sie sich. Ist man gerade eilig, oder das Vorbereitete ist ausgegangen, kann man, wie gesagt, auch auf Büchsennahrung zurückgreifen.

Das gekochte Fleisch und den gekochten Fisch versetze ich nach dem Kochen mit Haferflocken. Die Katze hat kurze Därme, man kann sie also nicht mit Gemüse oder Kartoffeln füttern. Wo wäre ihr das je in freier Wildbahn widerfahren? Bei aller Domestiziertheit hat sich ihr Organismus ja nicht umgebil-

Bijou und Joujou, fressend

det. Trotzdem sollte man besonders einer Stadtkatze, die nicht wie die Katze auf dem Land nach Herzenslust Gras abweiden kann, hin und wieder ein wenig geschabte Mohrrüben geben.

Wie wichtig es ist, den Katzen, ob groß oder klein, nur in sauberen Gefäßen anzurichten, sollte nicht besonders betont werden müssen. Auch das, was sie zu sich nehmen, muß einwandfrei sein, angesäuerte Milch und angesäuerter Fisch können schwere Magen- und Darmstörungen verursachen. Auch reichlich frisches Wasser verachten sie nicht. Fürst Myschkin zum Beispiel trinkt lieber Wasser als

Milch. Die Kätzchen allerdings benötigen die Milch noch zur Ernährung, denn Milch enthält das für die Erhaltung der Zellen notwendige Milcheiweiß und viel Calcium, das dem Aufbau der Knochen und der Regelung der Herz- und Muskeltätigkeit dient. Es wird behauptet, sie mögen auch Milch, die mit etwas Sojamehl aufgekocht und mit Saccharin gesüßt ist, ich selbst habe keine Erfahrung damit gemacht. Ich habe nur Erfahrung mit Eiermilch, das ist kostspieliger, wird aber besonders gern genommen. Auf einen reichlichen Viertelliter Milch verquirle ich ein Eigelb, und alle meine vier Kater schwärmen für Eiermilch, selbst Fürst Myschkin, der gewöhnliche Milch sonst verachtungsvoll stehen läßt. Im Ei sind überdies viele wesentliche Aufbaustoffe so konzentriert, daß ein Ei eigentlich eine komplette Mahlzeit darstellt. Ich habe nur noch nie erlebt, daß Katzen auch dieser Meinung wären. Kaum haben sie mit Behagen ein Eigelb vom Schüsselchen geleckt, miauen sie nach voluminöserem Futter. Unter den Aufbaustoffen im Eigelb besonders wichtig ist das Vitamin D für die Festigung des Knochenbaus. Am Rande erwähnt sei noch, daß das Ei ein Schönheitselixier ist; sein Genuß macht das Fell der Katze seidenweich und schimmernd.

Bijou und Joujou sind nun eine Woche bei uns. Nachdem sie der Tasche entschlüpft waren, Eiermilch und Fisch zu sich genommen hatten, standen wir erwartungsvoll da, um zu sehen, was weiter geschähe. Bevor ich mich mit Katzen eingelassen hatte, vermutete ich, nur Hunde seien Nasentiere, nur sie nähmen, wo sie gehen und stehen, Witterung auf. Doch Bijou und Joujou, die winzigen, übertrafen die Hunde bei weitem. Zuerst wurde jeder Millimeter Teppich abgeschnüffelt, dann kamen die Stuhl- und Sesselbeine an die Reihe, dann die Tischbeine. Nichts blieb unberührt. So tasteten sie sich langsam zur Verandatür vor. Nachdem sie mit ihren Nasen die Türfüllung und die Türkanten hinauf und hinunter abgetastet hatten, wagten sie den Gang auf die Veranda. Ich sage ›wagten‹, denn sie kannten das Leben bisher nur innerhalb der vier Wände, mit Teppichen und ein paar Ecken, um die man unversehends herumspringen konnte. Ihre Ziehmutter fürchtete, die freie Natur werde sie verwirren, sie könnten immer weiter der Nase nach gehen und nicht mehr zurückfinden. Diese Erfahrung hatte ich zwar nie gemacht, doch die Sorge, es könnte etwas Derartiges passieren, zumal zu befürchten stand, die Kleinen wollten zu Mutter Jacky zurück, riet zur Vorsicht. In Eile wurde mit einem Klapptisch der Verandaausgang zugestellt. Wir atmeten auf, der Klapptisch paßte, und wir waren schneller gewesen als die Katzen. Kaum hatten wir aufgeatmet, saßen beide Käterchen bereits auf der Verandabrüstung. Reichlich ein Meter hoch saßen sie dort und schauten erstaunt in den Garten hinunter. Behutsam nahmen wir sie fort, denn der Sprung in den Garten hinab wäre zu tief gewesen. Sie wehrten sich nicht, angefaßt zu werden, doch die Verandabrüstung bot ihnen auch nicht die Wahl für eine andere Entscheidung. Man fasse Kätzchen übrigens immer unter dem Bauch, mit der anderen Hand halte man das kleine Hinterteil und die Hinterbeine. Kein Mensch soll meinen, er könne, wie die Katzenmutter, das Kleine im Nacken greifen. Das ist sträflich verkehrt. Beim mütterlichen Griff mit den Zähnen in den Nacken weiß das Kätzchen, daß ihm nichts geschieht. Sobald aber auch der vertrauteste Mensch das Kätzchen so packt, ist die Spanne zum zuversichtlichen Sich-in-die-Hand-geben größer, die Muskulatur des Kätzchens ist gespannter als beim mütterlichen Zugriff, und es kann leicht zu Zerrungen kommen. Daran denke man immer, wenn man die Hand nach den Kleinen ausstreckt.

Da die Verbarrikadierung des Verandaausgangs nur halb so hoch war wie die Brüstung, muß ich wohl niemandem beschreiben, wie bald schon Bijou und Joujou der Sprung in den Garten gelang. Die gepflasterte Sitzecke neben der Veranda passierten sie unangefochten. Doch dann kam das merkwürdige:

vertraut waren ihnen, wie gesagt, Teppich, Fußboden, Sessel und Stuhl. Aber nun war Gras da. Vorsichtig setzten sie die Pfoten, schnupperten an den Halmen, niesten und wagten sich weiter. Stephan hatte mir irgendwann einmal erzählt, die Berührung mit einem fremden Element wirke sich auf ein Tier lähmend aus. Das war zu Zeiten von Chéri gewesen. Und da stimmte es. Das kleine, kaum acht Wochen alte Käterchen taumelte im Gras und drohte ständig umzufallen. Auch er war ein Teppichkater von Hause aus. Bijou und Joujou benahmen sich anders; sie waren aber auch älter, drei Wochen zumindest, und fast doppelt so groß. Nach dem ersten vorsichtigen Tasten wagten sie kleine Sprünge. Außerdem waren sie zu zweit, und zu zweit, wie der Mensch weiß, meistert man das Ungewohnte natürlich besser. Diese Zweisamkeit wird in ihrem Kinderdasein noch lange eine Rolle spielen, und ich frage mich, ob überhaupt je der Augenblick kommt, wo sie einander als Fremde betrachten.

Da sich Chichi inzwischen von seinem zurückhaltenden Staunen erholt hatte und Gewitterwolken aufzogen, nahmen wir die Kleinen von der Wiese auf und trugen sie auf die Veranda zurück. Wir hatten Glück, denn dieser Zeitpunkt deckte sich genau mit ihrem Bedürfnis nach Siesta. Sie beschnup-

Joujou

perten Verandatür und Türschwelle noch einmal ausgiebig, schritten dann auf das Eiermilchnäpfchen zu – die erste Begegnung mit etwas bereits Vertrautem – und ließen sich dann bereitwillig in den auf einem Sessel stehenden vorbereiteten kleinen Wäschekorb heben. Auf diesen Korb hatte ich meine Hoffnung gesetzt; in ihm waren sie von Mutter Jacky zur Welt gebracht worden. Vier an der Zahl, zwei schwarze und zwei rotgeringelte. Ein schwarzes und ein rotes waren weiblichen Geschlechts gewesen und zum Töten in die veterinärärztliche Klinik gebracht worden. Wenn man bedenkt, welch schreckliche Tötungsarten der Mensch für die Katzen erfunden hat, so gereicht ihm das wahrlich nicht zur Ehre: die Neugeborenen werden qualvoll ertränkt, mit dem Kopf auf einen Stein geschlagen oder achtlos beiseite geworfen, damit sie verhungern. Sie klinisch töten zu lassen garantiert zumindest einen schnellen, schmerzlosen Tod. Auch ein eben geborenes Katzenjunges ist ein Wunder an Vollkommenheit. Es hat ein seidenweiches Fellchen, wohlausgebildete Krallen und ein zierliches Schwänzchen. Die Augen öffnet es zwischen dem sechsten und achten Tag, sie sind lila-veilchenblau, unbestimmbar wie bei kleinen Kindern. Viel später erst nehmen sie nach und nach ihre endgültige Farbe an. So werden Bijous Augen einmal grün sein wie die seiner Mutter, vorläufig sind sie eher blau und nur dann grün, wenn sich das Gras darin spiegelt. Doch zurück zum Korb. Trotz langen Lüftens und Auswischens hoffte ich, daß sie vermittels ihrer geschulten Nasen noch einiges wahrnähmen. Und so war es auch. Sie rochen an den Rändern, an den Griffen, sie drehten und wendeten sich, die Einlage aus Kissen, altem Bademantel und frischem Handtuch kannten sie natürlich nicht. Doch irgendein Geruch muß ihnen etwas ins Gedächtnis gerufen haben, sie sperrten gähnend die Mäulchen auf, so daß man ihre nadelspitzen Zähne und den rosa Gaumen sah, sie streckten sich und fanden eine Liegestellung so tiefer Zufriedenheit, um die man sie hätte beneiden können. Bijou, der breitere und etwas längere, nahm Joujou zwischen Vorder- und Hinterbeine. Joujou hatte seinen Kopf mit dem Kinn nach oben gekehrt und sein Schwänzchen kunstvoll um sich geschlungen. Bijou leckte ihn den Hals hinauf bis zu den Ohren, eine überaus rührend anzusehende Geste, die er nur Jacky abgeguckt haben konnte.

Sie schliefen lange. Chichi umwanderte mehrmals den Korb, roch an den schlafenden Kleinen und spielte, da sich nichts rühren wollte, vor Verzweiflung Ball. Als er seinen Kopf zum x-ten Mal über den Korbrand gestreckt hatte, wachte Joujou auf. Er gähnte, doch angesichts des fremden Katerkopfes verwandelte sich sein Gähnen augenblicklich in Fauchen. Ein zischendes, knurrendes Geräusch, bei weit geöffnetem Mäulchen. Das sollte für die nächsten Tage seine Hauptbeschäftigung bleiben. Sobald er Chichi sah, fauchte er, die Vorderpfoten fest auf den Boden gestemmt, das Nackenfell leicht gesträubt. Bijou zog es vor, bei jeder Begegnung mit Chichi in einem schützenden Unterschlupf zu verschwinden. Er fauchte nur, wenn sich weit und breit kein Unterschlupf bot. Aber er fauchte gelassener, fast schon männlicher und nachdrücklicher als Joujou. Joujou fauchte wie eine aufgeregte Dampflok, doch auch aggressiv. Er wich keinen Schritt dabei

Bijou

zurück. Sein Fauchen paßte zu seiner drahtigen, mageren Gestalt. Er war eine Art Neurastheniker, Bijou dagegen, von der wohlproportionierten Leiblichkeit bis zum blitzschnellen Erfassen der günstigsten Gelegenheit zu verschwinden, war die Ruhe selbst.

So saß er auch gerade gut geschützt unterm Schrank, als Chichi sich anschickte, durch die angelehnte Verandatür in den leise tröpfelnden Regen hinauszugehen. Joujou fauchte vom Korbrand her ihm noch einmal nach. Katzen gehen höchst ungern im Regen spazieren. Doch hier hatte etwas anderes

Chichis eiliges Hinausgehen bewirkt. Chichi ist ein reinliches Tier, und mit drei Sprüngen erreichte er dichtes Gebüsch. Die diesbezüglichen Gepflogenheiten von Bijou und Joujou waren Neuland für mich. Ihre Ziehmutter hatte zwar diskrete Stellen für die unvermeidlichen Geschäftchen eingerichtet, aber vielleicht teilten sich zu viele Katzen darin. So hatten es die beiden vorgezogen, es einmal hier und einmal da zu versuchen. Möglichst nicht dort, wohin die anderen gingen. Die Katze ist, wie gesagt, ein auf Reinlichkeit bedachtes Tier, man darf es nur nicht an der nötigen Unterstützung fehlen lassen. Da ich beabsichtigte, Bijou und Joujou nachts im geschlossenen Raum zu halten, mußte ich also ein Katzenklo für sie einrichten. Das ist eigentlich nur etwas für Stadtkatzen. Die Landkatzen, die in Schuppen und Scheunen zu nächtigen gewöhnt sind, haben immer die freie Natur zur Verfügung. Bijou und Joujou waren ein Mittelding zwischen Stadt- und Landkatze. Sie hatten so nah an der Chaussee in einem mangelhaft eingezäunten Grundstück gewohnt, daß ihre Ziehmutter es nicht wagen konnte, sie in den Garten gehen zu lassen. Den Zaun hätten sie mit Leichtigkeit über- und unterklettert, und auf der stark befahrenen Durchgangsstraße wären sie mit Sicherheit umgekommen. Natürlich wäre es die Aufgabe von Mutter Jacky gewesen, ihre Kleinen zur Reinlichkeit zu erziehen, denn solange sie bei der Katzenmutter im Korb liegen, säubert sie die Kleinen mehrmals täglich, vom Kopf bis zum Schwanz. Auch die ersten Schritte der Jungen außerhalb des Korbes und außer Haus werden von der Katzenmutter sorgsam überwacht. So lehrt sie ihre Jungen bald, wie sie sich ein Loch zu scharren haben und wie sie es nach verrichteten Dingen wieder zukratzen müssen. Die Kleinen sind darin lange ungeschickt, sie kratzen zwar andächtig und umständlich, setzen sich aber anfangs nie auf die so hergerichtete Vertiefung. Und wenn sie sie zuscharren, haben sie meist schon ein paar Schritte vorwärts getan und kratzen zwar emsig, doch völlig umsonst. Ganz zu Beginn von Bijous und Joujous Versuchen im Garten scharrte Chichi der Kleinen Exkremente doppelt und dreifach ein. Ich glaube, weniger aus Hilfsbereitschaft als mehr aus der eingeborenen Erkenntnis, ein Feind – natürlich ein fremder Kater – könnte diese Stelle aufspüren und sich Rechte anmaßen, die ihm nicht zustehen.

Bijous und Joujous Katzenklos sind zwei ovale dreizehn Zentimeter hohe Plastikwannen von einem halben Meter Durchmesser, gefüllt mit einer mindestens drei Zentimeter dicken Schicht Katzenstreu, die man kaufen kann. Diese Wannen werden jeden Abend rechts und links neben die geschlossene

Verandatür gestellt und jeden Morgen ausgeleert, sobald die Kleinen im Garten sind. Nach dem Ausleeren müssen die Wannen gründlich mit Wasser ausgespült, getrocknet und später wieder mit frischer Streu gefüllt werden. Das macht Arbeit, gewährleistet aber zwei wesentliche Vorteile: einmal den der Stubenreinheit und zum andern jegliches Fehlen von Katzengeruch in einem mit etlichen Katzen bevölkerten Haus.

Nach der ersten Nacht also ließ ich Bijous und Joujous Katzenklos tagsüber verschwinden und wartete ab, was geschehen würde. Daß es ein schöner Sonnentag wurde, kam mir zu Hilfe. Nachdem meine beiden Kleinen eifrig Eiermilch getrunken hatten, setzte ich sie kurze Zeit später in den Garten, nahe beim Haus, auf eine erdige Stelle. Bijou, der Ruhigere und Bedächtigere, reagierte sofort: das Bächlein floß, und er kratzte ein paar Schritte weiter eifrig die Vertiefung zu, die er vorher zu scharren vergessen hatte. Joujou ließ sich etwas länger Zeit, aber dann funktionierte auch er auf ähnliche Weise. Damit war ich meine Sorge schon los, die Kleinen stubenrein zu bekommen. Sie eilten zwar tagsüber noch ein paarmal zu ihrem Nachtkloplatz, schnüffelten und zogen wieder ab, nachdem sie festgestellt hatten, daß der Platz leer war. Vielleicht gibt es dumme Katzen, die sich dann auch ohne Napf dort niederlassen, ich weiß es nicht, mit der Möglichkeit aber muß man rechnen. Man braucht viel Geduld, darf nie böse werden oder resignieren. Selbst die verwahrloseste und – wie mir anfangs schien – in dieser Beziehung dümmste Katze, die uns je zugelaufen war, habe ich mit Beharrlichkeit und intensiver Beobachtung ihrer Gewohnheiten sehr schnell zur Sauberkeit gebracht. Das war der Kater Misi. Die Erwartung, auch er werde, wie die anderen Katzen im Haus, zu jenem bestimmten Zweck in den Garten gehen, in dem wir ihn halb verhungert und kläglich miauend unter einer Tanne im dichten Gestrüpp gefunden hatten, erwies sich als falsch. Misi verließ das Haus keinen Moment. Er hatte alle Zimmer inspiziert und fühlte sich offensichtlich wohl. Nur ab und zu verkroch er sich, irgendwie unentschlossen und ängstlich um sich blickend, in eine Ecke. Kam er wieder zum Vorschein, war das Unvermeidliche passiert. Ich war ratlos und nahe daran, ärgerlich zu werden. Was war bloß los mit dieser Katze? Dann beobachtete ich, daß er zwischendurch immer mal, wie mit festem Ziel, bis zur Badezimmertür ging, dort aber nicht an der Tür kratzte, das wäre ein Signal gewesen, sondern hilflos vor der Tür sitzenblieb. Nachdem ich dies zweimal beobachtet hatte, hatte ich begriffen. Ich richtete ein Katzenklo her, stellte es ins Badezimmer, lehnte die Tür an, die sich nach innen öffnete, und wartete ab. Meine Vermutung war richtig gewesen,

Bijou

und von nun ab gab es kein einziges Malheur mehr. Dieses Verhalten des Katers, das ich einen Augenblick lang als erzieherischen Erfolg anzusehen versucht war, vermittelte mir gleichzeitig die traurige Erkenntnis, daß der Kleine hier in der Gegend beim Camping seiner Leute im Sommer oder im Herbst verlorengegangen oder ausgesetzt worden sein mußte. Denn seine Gewöhnung ans Badezimmer stammte mit Sicherheit aus seiner Stadtkatzenzeit. Aus diesem Exempel erweist sich, wie vorschnell die Annahme war, die Katze sei dumm. Im Gegenteil, man hatte ihr früh etwas beigebracht, und das hatte sie gelernt. So gut, daß selbst das fremde Milieu, die Einsamkeit und der Hunger es nicht hatten auslöschen können.

Doch nun zurück zu Bijou und Joujou. Das Haus hatten sie bis zum letzten Winkel erkundet, nun war der Garten an der Reihe. Ihre Erkundungsgänge wurden immer ausgedehnter, doch nach jedem vorerst noch gemeinsam unternommenen Ausflug kehrten sie schleunigst zur Veranda, zur Tür und ins Zimmer zurück. Man sagt Katzen ein großes Heimfindevermögen nach. Trotzdem beruhigte es mich, sie immer wieder so brav ins Zimmer zurückkehren zu sehen. Hier stand ihr Körbchen, hier stand ihr Napf mit Eiermilch, und außerdem beka-

Joujou

men sie auch die übrigen Mahlzeiten immer am selben Platz. Frühmorgens ihr Fisch-Haferflocken-Gericht und zu den festgesetzten Zeiten ihr Fleisch. Da die Witterung noch kühl war, konnte ein kleiner Rest im Napf bleiben – zur Gewöhnung. Sie aßen gut und mit Appetit, Joujou, der dünnere, allerdings etwas langsamer und weniger als Bijou, man mußte ihm gut zureden. Draußen beim Spiel dagegen war Joujou immer der schneidigere, er kletterte höher auf die Bäume und kam schneller wieder herunter, er machte weitere Ausflüge im Garten, er ließ sich fauchend auf lange Verfolgungsjagden mit Chichi ein. Bijou, der am zweiten Tag ein kühnes Klettermanöver mit Joujou auf der Robinie direkt am Haus vollführt hatte, verkletterte sich und landete in der Dachrinne. Trotz langen Zuredens und obwohl wir einen Ast bis an die Dachrinne bogen, ließ er sich auf kein Angebot ein. Er miaute kläglich und marschierte aufgeregt in der Dachrinne hin und her. Es blieb mir nichts übrig, als eine Leiter zu holen und ihn aus der Dachrinne zu befreien. Kaum war er unten, veranstaltete er eine erneute Robinienbesteigung, und diesmal gelang ihm der Abstieg. Chichi und Joujou beobachteten von unten interessiert seine Kunststücke.

Erstaunlich früh hat sich ein Zusammengehörigkeitsgefühl zwischen den dreien angebahnt. Frühmorgens begrüßen sie sich, indem sie ihre Nasen aneinanderreiben, dazu schnurren sie laut. Dann gehen sie ihrer Wege, jeder von ihnen zu einem Grasbüschel, an dem sie lange andächtig knabbern. Der Frieden hält auch noch beim gemeinsamen Trinken an, hier läßt sogar der sonst so gierige Chichi den Kleinen den Vortritt, und der rote Kopf und der schwarze neigen sich einträchtig über den Napf. Erst danach trinkt Chichi. Bei einer späteren Mahlzeit – aus zwei nebeneinander gestellten Tellern – nimmt die Eintracht geradezu possierliche Formen an. Denn hier können Bijou und Joujou den großen Bruder eingehend beschnuppern, sie stecken ihre Nasen bewundernd in sein seidenweiches Fell, von den Ohren abwärts über den Leib bis zum Schwanzende. Während Chichi frißt, kann das ausgiebig geschehen. Draußen, in der ›freien Wildbahn‹, ist das nicht möglich. Da wahren die beiden Kleinen beträchtlichen Abstand, denn dort herrschen andere Sitten, und Chichi kann mitunter überraschend aggressiv sein. Besonders dann, wenn er sich eben sattgefressen hat. Urplötzlich überfällt er einen der beiden, der gerade harmlos ein Insekt jagt. Er stürzt sich auf ihn, beißt oder schlägt grob mit herausgestreckten Krallen zu. Der kleinere rettet sich in der Regel durch Flucht, schafft er das nicht, miaut er kläglich und legt sich auf den Rücken. Das Anletztere, das Sich-Totstellen, wird von jedem Angreifer respektiert. Auch Chichi läßt von seinem

Opfer ab, doch selten, ohne sich nicht schon nach dem zweiten umgesehen zu haben. Wenn Chichi besonders garstig ist, setzt er sich in ein Versteck und überfällt die ahnungslos Vorüberspringenden. Taucht aber Fürst Myschkin auf, ist Chichi wie vom Erdboden verschwunden.

Im Gegensatz zu Bijou und Joujou fürchtet er den erwachsenen Kater. Die beiden Kleinen sind arglos. Sie versuchen, sich von hinten an Myschkin heranzuschleichen, um wenigstens seine Schwanzspitze zu beriechen. Das ist natürlich ein schwieriges Unterfangen. Doch einmal ist es Joujou gelungen, man hätte es für ein abgekartetes Spiel zwischen Bijou und Joujou halten können, wenn es nicht nur ein Zufall war. Fürst Myschkin saß stolz auf der Wiese, den Schwanz weit nach hinten weggespreizt. Er beobachtete Bijou, der in ungefähr vier Meter Entfernung ihm gegenübersaß und Anstalten machte, sich ihm zu nähern. Derweil hatte sich von der entgegengesetzten Seite Joujou aufgemacht und war zielstrebig auf das Schwanzende zugesteuert. Nun hatte er es erreicht und mit der Nase die äußerste Spitze gestreift. Mit entsetzlichem Fauchen sprang Myschkin senkrecht in die Höhe und der verdutzte Joujou zwei Schritte rückwärts. Auch er fauchte, mit Sicherheit aber aus Angst. Danach ging Myschkin mit kerzengerade erhobenem Schwanz seitwärts ab, und Joujou rettete sich ins Gebüsch.

Fürst Myschkin

Es wäre schon interessant zu wissen, was in Myschkins Kopf vorgeht, beobachtet er das Gewimmel um sich herum auf der Wiese. Wittert er in den Kleinen schon die zukünftigen Nebenbuhler, riechen sie ihm alle noch zu sehr nach Kinderstube, sieht er in ihnen Wesen, die ihm die Zuneigung der ihm vertrauten Menschen streitig machen könnten? Ich wüßte es gern. Katzen sind fraglos liebebedürftig, auch wenn sie abweisend oder scheu wirken. Ich streichle den Großen, wo immer ich ihn treffe, ich rede mit ihm und stecke ihm viele gute Bissen zu. Eine tiefe Freundschaft verband ihn mit meinem

Mann, auf dessen Bett er tagsüber vorzugsweise schlief und den er manchen Morgen schon in aller Frühe besuchte. Mit forderndem Miauen kündigt er dann bereits im Treppenhaus sein Kommen an, laut und auch klagend. Dann schlüpft er durch die angelehnte Schlafzimmertür, sein Miauen wird leiser und zärtlich und geht, nachdem er mit einem Satz auf die Bettdecke gesprungen ist, in tiefbefriedigtes Schnurren über. Das ist dann fast der einzige Augenblick, wo er sich gefahrlos streicheln läßt. Er bleibt immer ein bißchen fremd und ein bißchen abweisend, aber gerade das beeindruckt mich, es macht Fürst Myschkin zweifellos zu einer Persönlichkeit.

Die Jüngeren sind ganz anders. Untereinander aber sind sie völlig verschieden. Vielleicht ist Chichi mein besonderer Liebling. Vielleicht deshalb, weil ich das Gefühl habe, er ist mir so zugetan, wie man es sonst nur bei Hunden erlebt. Er kommt immer, wenn ich ihn rufe. Das tun Katzen höchst selten. Frühmorgens, wenn ich die Tür zu seinem Zimmer öffne, springt er nicht etwa vom Sessel herunter, um so schnell wie möglich in den Garten hinauszukommen, sondern bleibt liegen, dreht sich auf den Rücken, reckt und streckt sich und begrüßt mich mit den zärtlichsten Lauten. Ich nehme ihn auf den Schoß, er kuschelt sich eng an mich und schnurrt aus Leibeskräften. Beuge ich mich dann zu ihm herunter, legt er mir zwei krallenlose Pfötchen übers Gesicht und preßt seine kühle Nase an mein Kinn. Es ist eine so rührende Geste, voll Vertrauen und Liebe, daß sie mich jeden Morgen von neuem fasziniert. Ich schätze das besonders hoch ein, weil Chichi doch schon ein halb erwachsenes Tier war, als er zu uns kam. Hat er endlich sein Zuhause gefunden, hat er eine so schwere Zeit durchlebt, daß er sich jetzt erst geborgen fühlt?

Fürst Myschkin war immer schon freundlich und liebenswert, und sein edles und schönes Äußeres bestach. Doch er war auch kühl und voller Distanz. Ungemein schätzte er Besuch. Unsere anderen Katzen verabscheuten Besuch. Das bedeutete für sie laute Stimmen, fremde Gesichter, fremde Gerüche. Myschkin schien darauf geradezu erpicht. Unter irgendwelchem Vorwand erzwang er sich Einlaß, umkreiste, Witterung nehmend, jeden Besucher und sprang zuletzt auf einen freien Sessel, wo er in stolzer Pose liegenblieb. Sympathiebezeigungen verteilte er natürlich nicht, er saß oder lag nur malerisch und selbstzufrieden da.

Zu jener Zeit liebte er es ungemein, Ball zu spielen, er war ein ausgezeichneter Tormann. Sein Tor war eine Truhe, unter der er Position bezog. Mein Mann oder ich warfen einen Pingpongball aus zwei Meter Entfernung wahllos auf die Truhe zu, Myschkin verfehlte keinen Ball. Mit wohlgezieltem Hieb schmetterte er ihn zurück, und bald schon waren wir atemlos vom intensiven Spiel, weil wir unter den Möbeln und in sämtlichen Ecken nach dem Ball suchen mußten. Selbst zwei Pingpongbällen zeigte sich der Tormann gewachsen.

Wenn ich an diese Jünglingszeit Myschkins zurückdenke, staune ich, wie unkompliziert in gesundheitlicher Hinsicht sich sein Aufwachsen vollzog. Ich kannte überhaupt keine Sorgen. Er aß brav und regelmäßig mit gutem Appetit, er war zu festgesetzten Zeiten munter, er schlief zu festgesetzten Zeiten. Und ich war der Überzeugung, eine heranwachsende Katze könne kaum Probleme bereiten. Selbst als er im Alter von ungefähr dreiviertel Jahren einmal von rohen Leuten verprügelt worden war – man konnte seinen Rücken nicht berühren, ohne daß er kläglich schrie, und man fühlte entlang seinem Rückgrat deutlich die Beulen – bedauerten wir ihn lediglich und versuchten, ihn mit besonderen Leckerbissen zu trösten. Dann brachte meine Tochter Chéri mit.

Chéri war acht oder neun Wochen alt, ein ungewöhnlich hübscher, kleiner Kater. Von der Rasse her eine sogenannte Marmor- oder Räderkatze in arteigener Vollendung. Dreigestreift braun-grau-schwarz längs des Rückens, mit hakenartig sich auf die Flanken erstreckenden schwarzen Zeichen, die durch ihre Anordnung wie Räder wirken und der

Chéri

Katze die wohl mehr volkstümliche Bezeichnung Räderkatze eingetragen haben. Ein wenig erinnert die Fellfarbe an ein Ozelot. Zu diesem wunderschönen Pelz besaß Chéri die passenden Augen, leuchtend zwischen grau und braun. Sein Fell war duftig und weich, am Bauch rötlichbraun gefleckt. Schwarze Ringe zogen sich gleichmäßig über alle vier Beine und den Schwanz. Der ganze kleine Kerl war so anmutig und zart, daß man ihn kaum anzufassen wagte. Er war vermutlich als ein Stadt- und Stubenkätzchen geboren, wochenlang war er immer wieder einmal in der Setzerei aufgetaucht, in die meine Tochter mehrmals am Tag kam. Dort hatte er zwischen den Maschinen herumgetollt und Wurstzipfel und Brotbrocken aufgefangen, die die Setzer ihm zuwarfen.

Seine ersten Schritte im Gras waren, wie ich schon erwähnte, von erbarmungswürdiger Unsicherheit. Wie Bäume müssen die hohen Grashalme ihn angemutet haben. Doch nur ein paar Tage lang wirkte er verstört. Dann machte auch er, wie jedes junge Tier, seine Erkundungsrundgänge ums Haus, zwischen den Sträuchern hindurch bis zum Zaun und zum Schuppen am entgegengesetzten Ende. Und schließlich die unvermeidliche Begegnung mit Fürst Myschkin. Myschkin mußte damals im August ungefähr ein Jahr alt gewesen sein. Er war noch häuslich zu jener Zeit und offensichtlich an dem neuen

Fürst Myschkin im Korb

Hausgefährten interessiert. Er umkreiste ihn zuerst in weiten Bogen, er saß still und belauerte ihn, dann zog er die Kreise enger, duckte sich, schlug mit dem Schwanz, als wolle er sich auf Chéri stürzen. War ich in der Nähe, so versuchte ich, es zu verhindern. Es gelang mir nicht immer. Später merkte ich, daß seine Annäherungsversuche nicht böse gemeint waren, sie waren allenfalls ein bißchen grob, denn Chéri ließ sich augenblicklich auf die Seite fallen, fauchte leise und stellte sich tot. Dann konnte Myschkin ihn ausgiebig beschnuppern. Nach ungefähr acht Tagen hatte er den Kleinen akzeptiert. Ich ließ beide aus einem Napf fressen und beobachtete sie dabei, denn Chéri war natürlich viel langsamer als der Große.

An einem der ersten Abende, als ich Chéri ins Arbeitszimmer meines Mannes mitgenommen hatte, in dem Fürst Myschkin sich um diese Tageszeit auch manchmal einzustellen pflegte, wurde der Fürst rebellisch. Zeternd und schreiend sprang er vom Sessel auf den Schrank, von da aus auf ein hohes Bücherregal, auf dem er klagend und schimpfend steckenblieb, weil die umstürzenden Bücher ihm den Rückzug versperrten. Als ich ihn vorsichtig herunterzuholen versuchte, kratzte und biß er und zitterte am ganzen Leib. Teils aus Wut, teils aus Angst. Dann kroch er unter den Schreibtisch und putzte sich lange und umständlich. Diese herzzerrei-

Myschkin

ßende Schaustellung gab er jedoch nur ein einziges Mal, und fortan barg das Zimmer allabendlich zwei behaglich schnurrende Kater. Chéri konnte nun unbehelligt seine Entdeckungsfahrten unternehmen, die ihn am Ende meist im Papierkorb landen ließen. Hier raschelte er im Papier herum und fühlte sich behaglich, wie er überhaupt ein seltsamer Liebhaber von Papier war. Jedes Paketpapier wurde eigens für ihn zu einer bequemen Höhle umgebaut, in der er sich gern für Stunden einnistete.

Chéri war ein bemerkenswert schlechter Springer. Wir wunderten uns darüber, maßen diesem Umstand aber keine Bedeutung bei. Damals fehlte uns der Vergleich mit einem Altersgenossen. Wir wunderten uns, wie gesagt, wie wir uns auch ständig über seinen sonderbar dicken Bauch wunderten. Da er aber fleißig und regelmäßig fraß, beunruhigte es uns nicht weiter. Im nachhinein, wenn man über das nachdenkt, wofür man keine Erklärung gefunden hat, fallen einem Verhaltensweisen ein, die doch wohl als abwegig gelten können.

So hatte Chéri von früh an die Gewohnheit, an bestimmten Jacken oder Röcken, die aus weicher Wolle waren, zu saugen – zu nuckeln, wie wir es nannten, wie das Katzenbaby an der mütterlichen Zitze. Es war ein hilflos rührendes Gebaren, es war gleichermaßen anheimelnd und befremdlich. Da der Kleine es aber mit Inbrunst tat und sich durch nichts davon abbringen ließ, nahmen wir es halb erschrokken, halb belustigt hin. Mein Mann war eigentlich der einzige, der es konsequent als Anomalie bezeichnete. Alle anderen bewunderten die Zutraulichkeit, die darin lag, und ich, die ich zum Objekt seiner Babygelüste auserkoren war, schwankte zwischen Geschmeicheltsein und verstandesmäßigem Ergründen dieser Eigenheit. Aber ich liebte Chéri, wie man ein so winziges Geschöpf eben liebt, und war weder gesonnen noch imstande, ihm diese Merkwürdigkeit abzugewöhnen. Vielleicht hat auch gerade dies seine wenigen Lebenswochen verschönt. Ob es ihm zum Verhängnis wurde, wie wir uns später immer wieder fragten, wird nie beantwortet werden. Jedenfalls kletterte er immer, wenn er gefressen hatte, wenn er sich langweilte, wenn ihm kalt war, auf meinen Schoß, rückte sich dort zurecht und zutzelte, behaglich dabei schnurrend, an meinem handgewebten Rock, der heute noch eine kleine Stelle aufweist, an der die weißen Durchzugsfäden wollig in die Höhe stehen.

Die Beziehung zwischen Chéri und Fürst Myschkin hatte sich mittlerweile in eine regelrechte Freundschaft verwandelt. Sie begrüßten sich schnurrend, rieben ihre Nasen aneinander, und Chéri durfte sogar an des Fürsten Pelz schnuppern. Sie machten einander nicht ihre Lieblingsplätze streitig und respektierten einer des anderen Schlafbedürfnis.

Chéri

Nachts blieb die Tür zwischen Küche und Eßzimmer offen. Chéri nächtigte im Eßzimmer auf einem dicken Badetuch, obgleich ihm ein Sofa und mehrere Sessel und obendrein sein Körbchen zur Verfügung standen. Myschkins Nachtlager war ein breiter bulgarischer Henkelkorb, dem er vom ersten Tag an treugeblieben ist. Der Korb ist innen mit einem grünen Wollschal ausgelegt, der seinem weißen Pelz ausnehmend gut steht.

Die wenigen Monate mit Chéri waren bezaubernd; er blieb zart, anschmiegsam, gefügig, er war die Wonne jeden Besuchers. Ich möchte fast sagen, auch Katzen nicht gut gesinnten Menchen entlockte er ein zögerndes, freundliches Lächeln, während alle Katzenfreunde ihn am liebsten gleich mit nach Hause genommen hätten. Da er meist zur Stelle war, wenn Besuch kam, durfte er im Zimmer bleiben, sich streicheln lassen und jedermann etwas vorschnurren. Auch deshalb machte ich mir später Vorwürfe. Aber Chéri suchte und brauchte menschliche Gesellschaft, er fühlte sich so offensichtlich wohl, wenn um ihn herum Stimmen waren, Lachen, er war eben kein spartanischer Kater, der lieber seiner Wege ging, Abenteuer suchte oder sich rarmachte. Er war eben so, wie er war. Vielleicht degeneriert, vielleicht hatte eine zu alte Katze ihn zur Welt gebracht, vielleicht war er ein Produkt zu häufiger Inzucht. Alles das weiß ich nicht. Vielleicht war es auch nur Einsamkeit, die ihn so sehr die Nähe der Menschen suchen ließ oder eine zu frühe Fortnahme von der Mutterkatze. Zwei gleichaltrige Katzenjunge sind in dieser Hinsicht viel besser dran. Sie sind sich selber genug. Sie schlafen in einem Korb, wie sie es gewöhnt sind, ihnen kann das dunkle Zimmer nichts anhaben. Chéri schlief in den ersten Wochen im Arbeitszimmer meines Mannes, in dem wir abends alle zusammensaßen. Ich bildete mir ein, so habe er noch die Wärme und den Menschengeruch um sich. Später, als Myschkin ihn akzeptiert hatte, wurde er umquartiert. Da die Tür zwischen Küche und Eßzimmer offenblieb, konnte er schon in aller Frühe mit Myschkin ausgehen. Auch deswegen machte ich mir später Gedanken. Ich hätte ihn eingesperrt halten sollen, nachts, bis er älter gewesen wäre. Was weiß ich denn, was er auf seinen frühmorgendlichen Streifzügen Eßbares oder scheinbar Eßbares entdeckt hat? Das ist eine wahre Angstpsychose, die mich vermutlich nie mehr ganz loslassen wird. Zudem ist man ja dazu verurteilt, aus seinen Fehlern zu lernen. Doch – wo war eigentlich der Fehler? Später rekonstruierten wir: er mochte nicht springen, er hatte immer einen zu dikken Bauch. Lag es daran? Auch sein ständiges Nukkeln hielten wir schließlich für krankhaft.

Der Tatbestand war der: Am Neujahrstag hatte er noch mit Myschkin um die Wette gekochten Karpfenabfall genagt. Der Neujahrstag war ein Freitag. Am Sonnabend und Sonntag hat er wahrscheinlich auch noch regulär gefressen. Ich sage: Wahrscheinlich – denn die allerersten Symptome einer Krankheit fallen vermutlich nur selten auf. Außerdem fraßen ja Myschkin und Chéri aus dem gleichen Napf. Ich hatte beide so lange dabei beobachtet, bis sie sich aneinander und an den gemeinsamen Napf gewöhnt hatten. Natürlich müßte man jeden Tag danebenstehen, aber das tut man nur, wenn man einmal etwas versäumt hat oder versäumt zu haben glaubt. Am Montag fand ich, Chéri sei mäkelig

Chéri beim Fressen mit Myschkin am Karpfenabfall

beim Essen, am Dienstag kaufte ich ihm Schabefleisch, das er, im Gegensatz zu all unseren anderen Katzen, besonders gern mochte. Er beschnupperte es, ging fort, kam zurück, beschnupperte es wieder – und ließ es liegen. Er sprang aber herum, ging oft nach draußen, wirkte nicht krank, was ich auch nicht im Entferntesten vermutete, er trank Milch und Wasser, und ich suchte nach einem Grund für seine Mäkligkeit. Wenn ich den Napf in der Küche kontrollierte, war daraus gefressen worden, und ich machte mir keine Gedanken darüber, wer nun gefressen hatte und wer nicht. Dazu kam, daß Myschkin gerade mehr der Liebe als dem Sattsein huldigte, und ich Chéri häufig in der Küche traf. War Myschkin in Liebeshändel verwickelt, interessierte ihn das Fressen nur am Rande. Bei einer ausgewachsenen Katze spielt das eine untergeordnete Rolle. Ein Kätzchen jedoch, das nicht mit sichtbarem Appetit frißt, ist krank, es sei denn, sein Futter ist nicht in Ordnung. Aber dann maunzt es herum, streicht einem um die Beine, geht wieder zum Napf zurück, bis man begriffen hat, daß es fressen will. Mittwoch und Donnerstag vergingen. Am Freitag kaufte ich Fisch, ich bereitete Chéri die besten Happen zu – es war wie beim Schabefleisch, er beroch sie, aber er ließ sie liegen.

Ich kann mich immer noch nicht des Gefühls erwehren, ich müsse damals blind oder sehr dumm gewesen sein. War ich es? Ich hatte Erfahrungen mit Myschkin. Auch er hatte tagelang seine Mahlzeiten verschmäht, wenn es nicht gab, was er sich vorgestellt hatte. Ich sage das mir und allen zum Trost, die einmal, und zwar das erste Mal, anfangen, sich mit Katzen zu beschäftigen. Entgegen dem freundlichen Aberglauben, eine Katze habe sieben Leben, verhält es sich in Wirklichkeit anders. Eine ausgewachsene Katze kann einiges vertragen. Das stimmt, wenn ich an die vielen Wunden denke, mit denen Myschkin von seinen Liebesabenteuern nach Hause kam. Er war mitunter so zerschunden, daß man ihn kaum berühren durfte. Trotzdem habe ich ihn gesäubert, betupft, behandelt. Ich habe ihm Mut zugesprochen und ihn wegen seines tapferen Verhaltens gelobt. Bei Verletzungen solcher Art stimmt sogar fast die Theorie von den sieben Leben, denn es ist erstaunlich, wie schnell ein Kater wieder blank und schön aussieht, wie schnell selbst tiefe Wunden verheilen. Doch liegt eine innere Erkrankung vor, ist das erwachsene Tier schwerkrank und das kleine fast schon unrettbar verloren. Da hilft, wenn überhaupt, nur noch der Tierarzt. Und zwar bei den allerersten Anzeichen von Appetitlosigkeit, von Apathie. Diese Anzeichen sind oft schwer zu erkennen. Ich sagte ja schon, Chéri war munter und gar nicht apathisch, obwohl er nicht fraß, wie es sich gehörte.

Am Freitagvormittag rief ich den Tierarzt an, schilderte die Symptome und bat ihn, zu kommen. Er schlug mir telefonisch Behandlungsmöglichkeiten vor, Einlauf und Nahrungszufuhr löffelweise. Es stellte sich kein sichtbarer Erfolg ein. Chéri hatte inzwischen Fieber, erbrach und wirkte matt und erschöpft. Am selben Abend spät erreichte ich einen anderen Tierarzt, der versprach, am nächsten Morgen zu kommen.

Er spritzte ein Antibiotikum, deutete die Möglichkeit einer Vergiftung an, stellte jedoch keine genaue Diagnose und ließ mir Tabletten da, die ich zweistündlich verabreichen sollte. Chéri lag auf Stephans Bett, er mochte nicht mehr hinausgehen, und ich saß neben ihm. Er dämmerte vor sich hin, es tat mir leid, ihn zu den aufgelösten Tabletten immer wieder aufwecken zu müssen. Gegen Abend wurde er lebhafter. Er trank ein bißchen Milch. Immer, wenn er aufstand, zitterte er, stand dann aber nach einer Weile doch fest auf seinen Beinen. Sogar die Treppe wollte er hinaufgehen, doch ich trug ihn, um ihn nicht anzustrengen. Die Nacht verbrachte er wohl ziemlich ruhig. Ich hatte ihm durchpassierten Haferschleim in Reichweite gestellt und ein Schüsselchen Milch. Als ich sehr früh am Sonntagmorgen hinunterging, schweren Herzens und voller Angst, ihn nicht mehr lebend anzutreffen, waren die Schüsseln leer, er hatte nicht erbrochen und wirkte munter. Wir schöpften Hoffnung, und ich betete zu Gott, ohne dessen Willen, wie es heißt, kein Sperling vom Dach fällt. Wir ließen Chéri keine Sekunde aus den Augen. Er war matt, aber nicht apathisch. Einmal verlangte er dringend, hinausgelassen zu werden. Er kratzte draußen mit zitternden Pfötchen seine kleine Vertiefung und scharrte sie auch wieder zu. Ich sah Fürst Myschkin um die Ecke biegen und wartete ängstlich, was geschehen würde. Als Myschkin den Kleinen erblickte, machte er einen großen Satz auf ihn zu, Chéri duckte sich, und der Große stand über ihm. Er ließ ein tiefes, zärtliches Schnurren hören und trat vorsichtig zur Seite. Das war für mich ein bedeutungsvolles Ereignis, denn ich hatte in all meinen Tierbeziehungen immer wieder eines beobachtet: gesunde Tiere scheuen kranke Tiere. Nun glaubte ich Chéri schon halb genesen.

Er blieb ein Weilchen draußen sitzen, es war feucht und die Temperatur um Null. Nach ein paar Minuten trug ich ihn hinein. Er trank wieder etwas, legte sich auf sein Badetuch und dämmerte vor sich hin. Der Sonntag verging ohne besondere Vorkommnisse. Wir atmeten auf. Als ein Jahr zuvor Sascha, unser Collie, schwer an Urämie erkrankt war, mied Myschkin ihn offensichtlich, denn vorher hatte er ihn besonders gern umkreist und seinen Kopf an

Sascha

Saschas Beinen gerieben. Dieser Anblick war immer sehr komisch gewesen, weil Sascha, dem das gar nicht behagte, dabei herumtrippelte wie eine Diva aus der Stummfilmzeit. Seine Freundlichkeit Myschkin gegenüber rechneten wir ihm hoch an. Wir hatten es kaum für möglich gehalten, daß aus ihm, einem Katzentöter aus Passion, doch noch ein so verträglicher Kerl werden würde.

Auch hier ist, hinsichtlich der Formulierung ›Katzentöter aus Passion‹ ein vorschnelles Urteil unangebracht und nachweisbar falsch. Sascha war ein ausnehmend braves Hundekind gewesen. Wir nahmen ihn zu uns, als er ein halbes Jahr alt war. Der Stammbaum war beim Kauf ›gerade nicht zur Hand‹, er sollte nachgereicht werden. Von seiner Mutter, seiner Geburt, seiner Aufzucht wußten wir nichts. Nur drei muntere Geschwister umhüpften ihn, wir konnten uns aussuchen, welchen Hund wir haben wollten. Er schien der kräftigste zu sein, neben zwei Brüdern, am schönsten war unstreitig die Schwester, aber wir legten Wert auf einen Rüden. Der Stammbaum kam nie, und böse Zungen behaupteten, der Wurf sei auf einem Balkon bei Wasser und Brotkrusten aufgewachsen. Wenn es so gewesen sein sollte, kam Sascha in eine Art Paradies. Daß es so gewesen sein muß, halte ich heute für sicher, denn kaum hatten wir ihn, erkrankte er an Staupe, die nacheinander mehrere Organe befiel, den Magen, den Darm und den Bronchialtrakt. Der Professor, zu dem ich ihn jeden Tag zum Spritzen trug, machte mir unerbittlich jeden Tag von neuem klar, wie aussichtslos eine Heilung sei, da Collies für Staupe besonders anfällig seien, und schlug mir eine schmerzlose Tötung vor. Aber ich wollte nicht aufgeben, Sascha vertraute mir, nachts lag er neben meinem Bett, ich trug ihn bei Tag und Nacht hinaus, wenn ich glaubte, sein ewig revoltierender Magen brauche es. Nach zehn Wochen hatten wir es geschafft. Seine Pflege war aufreibend gewesen, doch sie wurde hundertfach wettgemacht durch

Die »Kantorowicz-Katze«

seine Anhänglichkeit. Fast keinen Schritt konnte ich ohne ihn tun.

In dieser Zeit schenkte uns ein Freund meines Mannes ein Kätzchen, einen kleinen Kater. Und da wir meinten, zwei Jungtiere nebeneinander aufzuziehen sei eine gute Gelegenheit, nahmen wir es. Es gedieh prächtig und war ungefähr drei Monate jünger als Sascha. Sascha beschnüffelte es, schubste es mit seiner spitzen Schnauze hin und her und war mit ihm einverstanden. Verhältnismäßig lange ging alles gut. Es bestand sogar eine stille Liebe zwischen beiden. Stundenlang konnten sie zusammenliegen und dö-

sen, und auch beim Fressen kamen sie einander nicht in die Quere.
Plötzlich aber wendete sich das Blatt. Der kleine Kater war inzwischen erwachsen, er war sich seiner Katerwürde bewußt, ging stolz einher und trug den Schwanz besonders hoch, wenn er an Sascha vorüberschritt. Dieser hatte wohl die neue Katerwürde noch nicht recht begriffen und ging in gewohnter Weise mit ihm um. Das trug ihm eines schönen Tages eine gewaltige Ohrfeige des Katers ein. Diese Ohrfeige nahm Sascha zur Kenntnis, fortan gingen sie einander aus dem Weg. Je größer und selbstbewußter Sascha wurde, desto mehr schien ihn die Ohrfeige zu wurmen. Zuerst sträubte sich in der Nähe des Katers nur sein Fell, wenig später ging er nur noch knurrend an ihm vorbei, und eines Tages griff er ihn an. Er packte den Kater im Genick und schüttelte ihn gewaltig. Der Kater kratzte und fauchte und versuchte, sich zu befreien. Es war ein scheußlicher Kampf, dessen letzten Teil ich nur noch zu Gesicht bekam, weil anfangs alles fast lautlos vor sich gegangen war. Voller Kratzwunden ließ Sascha für den Bruchteil von Sekunden den Kiefer locker, der Kater konnte entkommen, er floh durch das offenstehende Fenster in den Garten und verschwand.
Wir suchten ihn tagelang. Vor allem in der Nähe des Hauses, aus dem wir einige Wochen zuvor ausgezo-

gen waren. Wir vermuteten ihn dort, weil Katzen sich lange Zeit mehr in vertrauter Umgebung geborgen fühlen als in der Nähe vertrauter Menschen. Im alten Umkreis kennen sie Strauch und Baum, jedes Schlupfloch und jede Fährte, jeden Maulwurfshügel und jedes ebenerdige Fenster. All das haben sie in Wochen und Monaten sorgsam studiert. Eine neue Umgebung bietet ihnen zwar die bekannten Menschen, sonst aber nur Neuland, das sie Schritt um Schritt erschnüffeln müssen. Doch der Kater blieb verschwunden.

Auch die weiteste Abschweifung ändert nichts, ich muß nun von Chéris Tod berichten. Der Sonntag war glimpflich verlaufen. Ich rief spätabends noch den Arzt an, schilderte Chéris Befinden und sprach auch von unserem spärlichen Hoffnungsschimmer. Ich war ein bißchen enttäuscht, weil er fand, ich sei zu zuversichtlich. Er versprach, zeitig am nächsten Morgen zu kommen. Chéri räkelte sich auf seinem weißen Tuch und sah mich aus mausgrauen Augen freundlich müde an. Wasser, ein wenig Ovomaltine und passierten Haferschleim hatte ich neben ihn gestellt. Ich sprach noch ein bißchen mit ihm und streichelte ihn und ging unruhig und traurig hinauf. Natürlich konnte ich nicht einschlafen, und schon früh um fünf Uhr eilte ich wieder voller Angst und der gleichzeitigen Verwünschung von soviel Angst zu ihm hinunter. Was ich dort sah, war auf den er-

Frau Mucke

sten Blick wirklich ein Phänomen. Ich sah lauter leere Schüsseln, die Ovomaltine war ausgeschleckt, der Haferbreinapf war leer, und auch das Wasser war nicht mehr da. Chéri reckte und streckte sich, als ich ihn berührte. Zuerst war ich fast außer mir vor Glück, aber dann merkte ich, daß sein Fell so merkwürdig klamm war. Sonst, wenn man darüber strich, war es seidig und gleichsam sprühend. Jetzt war es auch weich, aber es blieb gewissermaßen liegen, als ich vom Kopf bis zum Schwanz darüber gestrichen hatte. Mich durchfuhr ein eisiger Schreck, und ich wußte plötzlich, Chéri wird den Tag nicht überleben. Ich sagte es auch meinem Mann und Stephan. Um neun Uhr kam der Arzt, er meinte, man dürfte die Hoffnung noch nicht aufgeben, Chéri bekam eine konzentrierte Vitaminspritze, er schrie vor Angst und versuchte, sich unterm Schrank zu verkriechen. Ein böses Zeichen, denn wenn eine Katze versucht, sich zu verkriechen, vor den eigenen Leuten, die ihr helfen wollen, zu flüchten, dann gibt sie den Kampf auf, dann mag sie nicht mehr, und Zuspruch und Trost vermögen nur noch wenig.
Ich holte das zitternde Tier unterm Schrank hervor, bettete es auf sein Lager und wischte es sauber. Es blieb erschöpft liegen und atmete erregt. An diesem Tag gab es kein Mittagbrot und keinen Kaffee, wir saßen nur da, starr vor Schreck und Angst, und hoff-

ten auf ein Wunder. Der Arzt hatte sich für den späten Nachmittag angesagt. Keinen Laut gab Chéri von sich. Er atmete flach und hastig und reagierte doch noch auf Zuspruch und Streicheln. Gegen sechs Uhr ungefähr stand er vom Badetuch auf, als wolle er zur Tür gehen. Das Aufstehen war mühsam, ich sah, daß seine Hinterbeine ihm nicht mehr gehorchten. Er torkelte ein paar Schritte und fiel um. Ich schickte Stephan zu meinem Mann, der kam herunter, ich hielt den Kleinen umfaßt, dann dauerte es nur noch ein paar Atemzüge lang – und alles war vorbei.

Woran ist Chéri gestorben? Der Arzt kam um halb sieben, wie er versprochen hatte. Traurig ging ich mit ihm noch einmal alle Phasen von Chéris Befinden durch. Und es wird schon stimmen, wenn er sagte, die wohl doch zu spät erkannte Katzenseuche – ähnlich der Staupe bei Hunden – sei die Todesursache gewesen. Seit diesem Erlebnis ging ich dann jahraus, jahrein mit allen Katzen, den zugelaufenen und den erworbenen, kaum hatten sie ihr erstes Lebensvierteljahr hinter sich, zum Impfen gegen die Katzenseuche zum Arzt. Und mein Rat an alle, die sich ein Jungtier zulegen – Hund oder Katze –, ebenso zu handeln, kann nicht dringend genug sein.

Fast ein Jahr ist vergangen seit Chéris Tod, er liegt im Garten unter einem besonders schönen Stein begraben. Draußen stößt, wie damals, ein Käuzchen seine beklemmenden Rufe aus. Ich bin nicht abergläubisch. Neulich saß es sogar auf unserer Veranda unter dem Tisch. Zuerst dachte ich, es sei ein Huhn, ein braunes, denn es hatte den Kopf abgewandt, wie eben ein Huhn, das den Kopf unter den Flügel steckt. Aber dann sah ich, daß sein braunes Federkleid getüpfelt war. Es lag Schnee, und wir fürchteten, das Käuzchen sei vor Kälte erstarrt oder verletzt. Ich ging mit etwas rohem Fleisch vorsichtig auf das Käuzchen zu. Doch bevor ich es erreichte, flog es schnell und leicht auf. Mir fiel ein, daß ich den ganzen Tag lang die Amseln und Krähen hatte schimpfen hören. Ich hatte gedacht, Bijou und Joujou seien der Anlaß gewesen, aber nun war mir klar, daß es dem Käuzchen gegolten hatte. Sie mögen das Käuzchen nicht. Vor kurzem bin ich auf sein Geschrei hereingefallen. Ich hatte Bijou vergeblich zum Nachtmahl gerufen, obwohl er für gewöhnlich der erste ist, wenn es ums Fressen geht. Ich wartete ein Weilchen und ging dann hinaus. Kein Laut weit und breit. Ich lockte Bijou – plötzlich ein gellendes Wehklagen. Ich hastete dem Geschrei nach. Es klang aus unbestimmter Ferne, einmal lauter, einmal leiser. In meiner Sorge malte ich mir die schrecklichsten Dinge aus: Bijou in einer

Falle, Bijou, den ein Hund im Griff hat – dann wurde mir plötzlich klar, daß das Geschrei aus der Höhe kam. Also dachte ich, Bijou hängt irgendwo an einem Ast, oder hat sich in einer Astgabel verfangen. Es war stockdunkel, und meine Taschenlampe reichte nicht weit. Das gräßliche Geschrei hörte nicht auf. Ich lief ins Haus zurück, um Hilfe zu holen. Als wir aus den oberen Räumen nach unten kamen, saß Bijou in der Küche und putzte sich.

Mein Sorgenkind von Anfang an war Joujou. Unser alter Gärtner, der Katzen gut kannte, sagte einmal: Die schwarzen und die bunten, die sind am einfachsten, die weißen sind hysterisch, auch, wenn sie keine Albinos sind, und die fuchsigen sind die kompliziertesten. Wenn ich diese Weisheit auf Joujou, den roten Kater, anwende, stimmt sie haargenau. Er gibt sich merkwürdig, er kratzt und strampelt, wenn man ihn anfaßt, und er sitzt grundsätzlich immer weit von den anderen entfernt. Unkompliziert war er nur bis zum Ende seines vierten Lebensmonats. Nachdem er sich eingewöhnt hatte, tollte er mit Bijou und Chichi im Garten und war sehr zutraulich. Ich fühlte sogar meine Schuldgefühle, die mir Chéris Krankheit verursacht hatten, langsam schwinden und hatte schon angefangen, mich in Sicherheit zu wiegen. Ich wollte mich so recht von Herzen an den Katzen freuen, sie waren munter, drollig, sie speisten mit Behagen und hatten ein

blitzblankes Fell. Aber dann passierte doch, fast möchte ich sagen, das ›Unvermeidliche‹.
Es war ein warmer Junimorgen, Bijou und Chichi sprangen im Garten nach Schmetterlingen, die Sonne schien, alles wirkte heiter – bis ich merkte, daß Joujou nicht draußen war. Ich suchte nach ihm, er lag in meinem Zimmer auf der Couch. Obgleich es warm war, hatte er sich auf eine Wolljacke gelegt. Als ich an ihn herantrat, streckte er mir den Kopf entgegen. Ich sprach leise auf ihn ein, man muß mit Katzen immer leise sprechen, sie verabscheuen laute Stimmen, laute Geräusche und lauten Gesang. Nur leise Stimmen und leise Musik mögen sie gern; Musik mögen vielleicht nicht alle Katzen, unsere aber lieben sie. Sie lauschen sichtbar andächtig und drehen, wenn sie nicht in unmittelbarer Nähe des Plattenspielers oder des Radios liegen, ihre Ohren den Klängen zu. Ich streichelte Joujou und drückte seine Nase an mein Gesicht. Sie war heiß. Nicht unbedingt ein untrügliches Zeichen für Krankheit. Wenn eine Katze im Warmen liegt, in der Sonne zum Beispiel, wird auch die Nase warm. Aber trotzdem ist eine heiße Katzennase alarmierend. Ich holte ein Schüsselchen Milch, um zu sehen, ob er tränke. Joujou schnupperte und zog den Kopf zurück. Ich machte einen zweiten Versuch mit kondensierter Milch. Er leckte sie gierig auf. Das beruhigte mich, ich ließ ihn liegen und ging hinaus.

Chichi und Bijou spielten immer noch im Garten. Ich sah ihnen zu und überlegte, warum Joujous offensichtlich nur kleine Unpäßlichkeit mich so erschreckte. War es die Nachwirkung des Unglücks mit Chéri? Wohl nicht allein. Ich nahm meine Verpflichtung den beiden Kleinen gegenüber sehr ernst. Ich überwachte ihre Mahlzeiten, ihr Spielen, ihr Schlafen. Ich wollte ergründen, welche Beziehung sie zu uns Menschen haben, ob alles, was sie tun, nur Instinkthandlungen sind, wie man geneigt ist, anzunehmen, oder ob es über das Instinktverhalten hinaus noch eine andere Art von Bindung gibt. Aus meinen Erfahrungen mit Hunden möchte ich es bejahen. Natürlich reagieren Katzen nicht wie Hunde. Sie sind kaum oder nur ganz selten dressierbar, sie haben sich eine Unabhängigkeit bewahrt, die der Hund nicht besitzt. Sascha, unser Collie, zum Beispiel, liebte mich wie keiner unserer anderen Hunde. Er folgte mir überall hin; wenn ich ihn nicht mitnehmen konnte, heulte er eindringlich. Als ich einmal verreist war, stahl er sich abends davon, um mich zu suchen. Mein Mann bemerkte sein Verschwinden um Mitternacht und war bis zum frühen Morgen unterwegs, um ihn zu suchen. Vergeblich. Am nächsten Tag gegen Mittag kam Sascha wieder zu Hause an, struppig und traurig. Er fraß nicht, er trank nicht, er klagte nur leise vor sich hin. Später legte sich diese übergroße Angst. Doch bis an sein

Sascha – die Begrüßung nach seinem Verschwinden

Lebensende konnten wir beobachten, daß er jedesmal, wenn wir verreisen wollten, schon tagelang zuvor unruhig war. Standen dann die Koffer zum Packen bereit, war es völlig um ihn geschehen. Und jedesmal hörten wir von den Zuhausegebliebenen, daß er die ersten zwei, drei Tage jegliche Nahrung abgelehnt hatte, obwohl er gerade, eingedenk der Erfahrung, mit besonderer Liebe und besonderen Leckerbissen versorgt worden war.
Inzwischen war ich wieder zu Joujou hinaufgegangen. Er lag noch am selben Platz, die Nase war nicht mehr so warm. Fleisch verschmähte er zwar, trank

aber besonders gierig kondensierte Milch. Holt man nun den Arzt oder wartet man noch ab? Ungewöhnlich war sein Verhalten auf jeden Fall, da er aber trank und später noch ein rohes Eigelb aufleckte, wollte ich noch warten. Als es schattiger wurde, ging er in den Garten hinaus. Chichi und Bijou, die ihn schnuppernd begrüßen wollten, wich er aus. Er legte sich unter eine hohe Tanne und streckte die Beine aus. Er atmete kurz und schnell, und als ich ihn anfaßte, merkte ich, daß sein Bauch hart und gespannt war. Die Berührung ließ ihn unruhig werden, und er stieß kleine Klagelaute aus. Ich rief den Tierarzt an und bat ihn zu kommen. Ich fragte ihn, ob Joujou eine Dosis Salatöl verabreicht werden solle, da ich an eine Verdauungsstörung glaubte. Er war einverstanden. Dann riet er noch, den Kater kurz vor seinem Eintreffen zu messen.

Die ziemlich komplizierte Prozedur der Öleingabe gelang. Es ist nicht ungefährlich, einer Katze Flüssigkeit einzuflößen. Man muß den Kopf des Tieres waagerecht halten, darf ihn unter keinen Umständen nach rückwärts beugen, denn es würde unweigerlich ersticken, wenn durch zu starke Rückwärtsbeugung des Kopfes Flüssigkeit in die Luftröhre gelänge. Am besten umfaßt man den Kopf von oben, steckt Daumen und Zeigefinger der linken Hand von rechts und links hinter den Eckzähnen ins

Joujou

Maul und gießt ganz langsam die auf einen Teelöffel gefüllte Flüssigkeit ein. Wenn man Glück hat, mag die Katze Oliven- oder Sonnenblumenöl und leckt es selber vom Löffel auf. Joujou mochte das Öl nicht auflecken, schluckte aber tapfer, schüttelte sich und sprang erstaunlich schnell auf. Ich ließ ihn nun nicht mehr aus den Augen, denn ich glaubte inzwischen fest an eine Verstopfung und nahm an, alles sei vorüber, wenn das Öl seine Wirkung getan hätte. Dieser Augenblick ließ gar nicht so lange auf sich warten. Joujou scharrte ein besonders großes Loch, ächzte ein paarmal und war, so schien es mir, befreit. Er kam sogar kurz danach in die Küche, miaute und fraß ein bißchen sehr klein geschnittenes Fleisch. Dann kletterte er in seinen Korb und bot den Anblick zufriedener Müdigkeit. Eine halbe Stunde vor der angekündigten Arztvisite maß ich ihn vorsichtig mit einem gut eingefetteten Veterinärthermometer. Er ließ es teilnahmslos geschehen, und das machte mich wieder stutzig. Ich faßte nach seiner Nase, sie war glühend heiß, und das Quecksilber stieg auf 41 Grad. Bei 41,5 blieb es stehen. Das war hohes Fieber, auch bei einer kleinen, viereinhalb Monate alten Katze, deren Normaltemperatur, anders als beim Menschen, zwischen 38,5 und 39 Grad liegt. Ich ließ ihn in seinem Korb in der gewohnten Umgebung und quartierte Bijou um. Eine wahrscheinlich unnütze Vorsichtsmaßnahme, denn wenn eine Infektion vorlag, hatten sich beide längst angesteckt; trotzdem erschien es mir sicherer. Der Arzt kam, war zurückhaltend hinsichtlich der Diagnose und spritzte ein Antibiotikum und ein Vitaminpräparat. Er schrieb mir ein weiteres Antibiotikum auf, von dem ich in dreimal vierundzwanzig Stunden je eine Kapsel verabreichen sollte. Joujou lag teilnahmslos im Korb, der Arzt sagte, es sei durchaus noch kein Anlaß zur Sorge, er verstand meine Angst, er konnte sich noch gut an Chéris Tod erinnern. Außerdem war er der Überzeugung, daß die Spritzen ihre Wirkung nicht verfehlten. Bis lange nach Mitternacht ging ich stündlich zu Joujou. Er lag still da, blinzelte, wenn ich kam, und seine Augen schienen wieder ausdrucksvoller zu sein. Wenn ich ihn vorsichtig anfaßte, klagte er. Ein Schrecken packte mich, als ich drei Flöhe zugleich von ihm abspringen sah. Stephan hatte Jahre zuvor ein aus dem Nest gefallenes Eichhörnchen mit nach Hause gebracht, und wir wollten versuchen, es aufzuziehen. Doch es war wohl schon zu lange aus dem Nest gefallen, es lebte nur noch eine halbe Stunde und war selbst zum Trinken aus der Flasche zu schwach. Ich hatte es in einen Karton auf ein helles Handtuch gelegt, und ein paar Sekunden vor seinem Tod sprang eine Schar von Flöhen von ihm ab. Sie liefen wie wild auf dem Handtuch herum. Das ist mir unvergeßlich geblieben, weil ich nicht fassen konnte, welche Unmenge von Ungeziefer ein so winziges Lebewesen beherbergt und mir bewußt wurde: ein einträglicher Wirt stirbt, wo nimmt man schnell einen neuen her?

Und nun ein so ähnliches Symptom bei Joujou. Allerdings waren nur drei Flöhe davongesprungen, und er hatte bestimmt mehr. Flohbefall gibt es bei Katzen immer, wenn sie Umgang mit Artgenossen haben. Bei uns war wahrscheinlich Chichi der erste Überbringer gewesen, denn er ging oft außerhalb des Gartens spazieren. Überdies muß man wissen, daß Flöhe ihre Eier vorzugsweise in Fußbodenritzen, unter Fußleisten oder an den Rändern von Teppichböden ablegen. Dort machen diese Eier das Larven- und Puppenstadium durch. Verborgen noch in Staub und Dunkelheit, warten dann die frisch geschlüpften Flöhe auf den geeigneten vorübergehenden Fellträger. Das ist eine gut organisierte Planung, die der Mensch nur durch Absuchen des Katzenfells durchkreuzen kann. Auch von Läusen und Haarlingen können Katzen befallen sein. Hunde kann man bedenkenloser mit Flohpuder bestreuen. Bei Katzen jedoch darf man kein für Hunde zulässiges Mittel verwenden, weil Katzen sich durch vieles Lecken und Putzen zuviel Giftstoffe einverleiben. Wenn man Katzen also einpudern will, besorge man ein eigens für Katzen bestimmtes Pulver oder man greife zu einem Antiflohhalsband, das locker um den Hals gelegt wird. Leider sind alle meine Katzen so gewitzt, daß sie nach kurzer Zeit immer etwas finden, woran sich ihr Halsband mühelos abstreifen läßt. Übrigens unterscheidet sich der Katzenfloh vom Hundefloh.

Am nächsten Morgen bot sich mir kein anderes Bild. Joujou lag im Korb, von der Milch hatte er nicht getrunken, und auf meine Begrüßungsworte reagierte er kaum. Ziemlich unglücklich sah ich mich nach den anderen um. Sie tobten im Garten. Als ich Chichi und Bijou unterm Apfelbaum begrüßte, raschelte es in den Zweigen. Ich blickte nach oben und traute meinen Augen nicht: In der ersten Gabelung saß Joujou. Er war ungefähr in der Höhe meines Kopfes, ich drückte mein Gesicht an seines, er riß das Mäulchen auf und miaute leise. Ich fand, es sei kein klagendes Miauen, eher ein zufriedenes. Ich trat beiseite und wartete, ob er allein herunterkletterte. Er schien guter Dinge und rückte sich in der Astgabel zurecht. Kurze Zeit darauf sprang er mit einem Satz herunter, putzte sich, machte einen kleinen Gang ins Gebüsch und trabte dann, ohne sich um Bijou und Chichi zu kümmern, in sein Körbchen zurück. Ich wärmte ihm Milch und servierte ihm klein geschnittenes Fleisch, das er aber erst fraß, als ich es ihm auf der Zeigefingerspitze einzeln anbot. Das Antibiotikum hatte gewirkt, wenn es eine Infektion gewesen war, daran war nun kein Zweifel mehr. Ich benachrichtigte den Doktor, der mir noch einmal erklärte, wie notwendig es sei, die verordneten Kapseln weiter zu geben, um in den nächsten Tagen den Penicillinspiegel des Blutes zu halten.

Die Eingabe des Medikaments war kein Vergnügen. Der kleine Kerl war bereits wieder so munter und kräftig, daß er auf jeden Zwang aggressiv reagierte. Vielleicht sind weibliche Katzen sanftmütiger, und man kann ihnen Tabletten unter gutem Zureden verabreichen, so daß sie das Maul aufsperren und brav schlucken. Den strampelnden und leise fauchenden Joujou mußte ich in einen kleinen Sack stecken, den man in der Halsgegend eng fassen konnte. Mein Mann nahm den so verpackten Kater zwischen die Knie, ich öffnete das scharf bezähnte kleine Maul auf die bereits beschriebene Weise und steckte ihm die Kapsel so tief wie möglich in den Rachen. Nun ist eines danach unerläßlich: Man hält dem Tier, ohne es am Atmen zu hindern, wenigstens zehn Minuten lang unter leichtem Druck das Maul zu. In dieser Zeit hat sich die Kapsel entweder aufgelöst, oder es ist, trotz der Zwangslage, zur Schluckbewegung gekommen. Man kann das leicht beobachten, wenn man dem Kater freundlich zuspricht und ihn ein wenig streichelt.

Die zweite Medikamenteingabe erwies sich als noch komplizierter. Schon beim Anblick des hübschen kleinen Sackes versuchte Joujou auszureißen. Er wehrte sich, im Sack steckend, weit mehr als beim ersten Mal, so daß ich eine stumpfe Pinzette zu Hilfe nehmen mußte, um mit der Kapsel wirklich tief genug in den Rachen zu reichen. Da uns nun vor der dritten und letzten Kapseleingabe graute, verfielen wir auf eine List. Ich wickelte in eines seiner Fleischstückchen der Mittagsnahrung die Kapsel, legte ihm fünf gleich groß geformte Stücke vor, die wiederum nicht so groß waren, daß er sie hätte zerscheren müssen. Eine Katze zerbeißt nämlich das Fleisch nicht, sondern bearbeitet es mit den Backenzähnen,

Chichi

die auch Reißzähne heißen, wie mit einer Schere. Und die List gelang. Die eingewickelte Kapsel verschwand mit den Fleischstückchen. Diese Technik bewährt sich auch für die Wintermonate, wenn man gut daran tut, kleinen Katzen eine Zeitlang Vitamintabletten zu geben. Auch die Landkatzen verspeisen das Gras nicht mehr, wenn es angefroren ist. Am besten gibt man ein Multivitaminpräparat, auf keinen Fall ausschließlich Vitamin C. Mit Ausnahme des Menschen und des Meerschweinchens bilden alle Säugetiere Vitamin C selber. Auch Hefetabletten, die mit Eiweiß, Mineralien, Vitaminen und Spurenelementen angereichert sind, sollten bei der Aufzucht und speziell im Winter für ausgewachsene Katzen nicht fehlen. Man kann sie in Tierhandlungen und Drogerien kaufen, und alle Katzen fressen sie leidenschaftlich gern. Joujou hatte von klein auf einen etwas merkwürdigen Gang. Kam er auf einen zu, so sah man, daß seine Vorderbeine ein bißchen nach außen gebogen waren. Er wirkte, wenn er so eilfertig daherstolzierte, immer besonders drollig, es war aber auch klar, daß man darauf achten mußte. Vielleicht würde es sich von selbst legen, denn seine Ernährung war gut dosiert und mit Kalkstoffen angereichert.

Schon nach der zweiten Kapseleinnahme wirkte Joujou wieder völlig gesund. Er aß und trank normal. Er saß wieder schnatternd und kleine Knattertöne ausstoßend – wie jede Katze es macht, wenn das Beutetier unerreichbar ist – vor einer Fliege, die sich auf der Spitze eines sehr hohen Halmes schaukelte. Er nahm wieder an den alten Verfolgungsspielen, die Chichi arrangierte, teil. Chichi hatte sich auf reizende Weise der Kleinen angenommen. Hatte er ihnen anfangs auch manchmal nachdrücklich seine Überlegenheit durch Fauchen und mehr oder weniger gut gezielte Tatzenhiebe kundgetan, so zählten sie für ihn neuerdings wohl als ein ansprechendes erziehungswürdiges Paar. Frühmorgens konnte man ihn, Bijou und Joujou hinter ihm her, der Gartenumzäunung zustreben sehen. Trotz Rufens und Lokkens blieben sie verschwunden, sie erkundeten die angrenzenden Grundstücke. Aber pünktlich um elf Uhr, wenn die erste Fleischmahlzeit fällig war, passierten die drei den unterhöhlten Zaun in Richtung Haus. Beim Fressen ging es immer noch ohne Streit zu, Bijou und Chichi saßen nebeneinander, Joujou mußte ich füttern. Das war ein Rückbleibsel seiner Krankheit, er hatte es sich einfach abgewöhnt, selbständig zu fressen; wenn ich ihm das Fleisch nicht Stück für Stück reichte, ließ er es liegen. Auch beim Fischmenu saß er so lange untätig vor dem Napf, bis ich mich bequemte, ihm mit einem Teelöffel die einzelnen Portionen mundgerecht anzubieten. Welchen Versuch ich auch unternahm, ihn zum selbsttätigen Essen zu zwingen, er hungerte lieber, stolz

und unbeirrbar. Und sein Vertrauen darauf, daß ich schließlich doch zum Löffel greifen würde, hatte Erfolg.
Während der heißen Mittagsstunden fand die Katzensiesta im kühlen Eßzimmer statt. Bijou und Joujou kletterten noch immer getreulich in ihr gemeinsames Körbchen. Chichi hatte ein eigenes, kleineres. Doch sobald er den letzten Bissen Fleisch verschlungen hatte, sprang er zunächst in den Korb der Kleinen. Dann wiederholte sich wochenlang das gleiche: wie eine aufmerksame Katzenmutter beleckte Chichi zuerst Joujou vom Rücken bis zu den Ohren, langsam, systematisch und gründlich, dann kam Bijou an die Reihe und erst, wenn kein Stückchen Fell mehr unbeleckt war, verließ Chichi den Korb. Die beiden Kleinen hatten einander anfangs auch immer geputzt, das war mir wie eine Reminiszenz an ihre Zeit bei Mutter Jacky, wie eine Art traurig stimmender Ersatzhandlung vorgekommen, daß nun aber Chichi, der Katerjüngling, die gleiche Zeremonie vollzog, verwunderte mich doch.
Wochenlang versteckte Chichi sich abends im Zimmer von Bijou und Joujou, sobald ich Anstalten machte, die Türen zu schließen. Zuerst ging er immer brav mit mir zur einen Tür hinaus und schlüpfte hinter meinem Rücken in Windeseile bei der angelehnten Verandatür wieder herein. Ich habe ihn manchen Abend vergeblich im Garten gesucht und

erst am Toben und Poltern hinter den geschlossenen Türen gemerkt, was los war. Wenn ich Chichi dann einfangen wollte, kroch er immer unter den Schrank, unter dem ich ihn nicht hervorholen konnte. Ich mußte ihn erst mit einem Stück Fleisch bestechen, dafür kroch er hervor. Wenn er sich einmal nicht bei den Kleinen eingenistet hatte, blieb er im Garten.

Nicht nur Menschen haben Gewohnheiten, auch Katzen. Als Chichi noch nicht lange bei uns war, kam er abends auf mein Rufen sofort. Ich hatte sogar das Gefühl, als sei sein Bedürfnis nach Gesellschaft größer als seine nächtliche Jagdlust. Eines Tages aber erschien er nicht mehr. Ich mußte ihn also suchen, trotz Taschenlampe ein Kunststück im nachtdunklen Garten. Chichi saß, nicht weit von der Haustür entfernt, unter einer Tanne. Er ließ sich bereitwillig auf den Arm nehmen und ins Haus tragen. Von diesem Abend an saß er immer um die gleiche Zeit unter der gleichen Tanne, ich konnte ohne Taschenlampe auf den Baum zugehen, Chichi war im Dunkeln nicht zu erkennen, doch wenn ich mich bückte und nach unten griff, war er da.

Tagsüber dagegen erschien er unfehlbar auf längeres Rufen, wie er überhaupt stark auf gewisse Geräusche reagierte. Eine Beobachtung, die ich nie bei Myschkin gemacht habe, und worin Chichi auch Bijou und Joujou übertrifft. So brauche ich nur, wenn ich ihn irgendwo im Haus vermute und in die Küche locken will, zwei-, dreimal kräftig die Kühlschranktüre zuschnappen zu lassen – beim dritten Zuschlagen ist er da. Ein Lockmittel, wenn ich ihn draußen nicht finden kann, ist das Messerschärfen auf der Haustür- oder Verandatürschwelle. Daraus folgert er die nahende Fleischverteilung, und da er so prompt auf dieses Geräusch reagiert, bekommt er natürlich ein Stückchen zur Belohnung. Ehe ich auf diese bei Chichi so stark ausgeprägte Eigenheit aufmerksam geworden war, habe ich bei Konstantin Paustowski einmal etwas sehr Ähnliches gelesen. Anmutig beschwört er den Zauber der Abendstimmung in kleinen Wolgastädten, die kühlen Salons mit den frisch gescheuerten Böden, den alten Sesseln, dem Flügel, dem Gummibaum und – dem Kater, der durchs Zimmer streicht, »nervös zuckt er mit dem Ohr, horcht, klappert man in der Küche nicht schon mit den Messern?« Bijou hat sich später als nächster das Messerwetzen eingeprägt. Bei Joujou habe ich das Gefühl, er kennt das Geräusch ganz genau, ist aber nicht interessiert genug, um sich sofort in Bewegung zu setzen. Oder dieses Nicht-Reagieren gehört zu seinem Außenseiter-Verhalten, in dem er Fürst Myschkin ähnlich ist. Bijou tut alles, was er tut, mit Hingabe. Er rennt unermüdlich nach Kienäpfeln, wenn man sie für ihn wirft, er klettert mit Begeisterung, klopft man mit einem Stock den

Baum hinauf und hinunter, im Zimmer spielt er bis zur Atemlosigkeit Ball, allein oder mit jemandem von uns – Joujou tut bei alledem immer ein bißchen mit, gerade so viel, als trüge er eine Höflichkeitspflicht ab.

Solange unser Swimmingpool leerstand, hatten Chichi und Bijou dort ganze Sätze von Pingpongbällen verspielt. Sie erlangten eine außerordentliche Fertigkeit darin, die Bälle die schrägen Wände hinaufzuschlagen. Meist verschwanden sie dann unauffindbar im hohen Gras und tauchten erst nach dem Mähen wieder auf. Nun war es heiß, Bijou und Joujou über ein halbes Jahr alt, und wir hielten es nicht mehr für gefährlich, das Bassin zu füllen. Das Wasser ließen wir in ihrem Beisein einlaufen, sie nahmen kaum Notiz davon. In den ersten Tagen passierte nichts. Sie spazierten über den Rand, und Chichi versuchte sogar einmal zu trinken. Trotzdem packte mich mitunter abends, sobald es dunkel war, plötzlich die Vorstellung, es könnte einer von ihnen ins Wasser gefallen sein. Ich rannte dann hinaus, doch glücklicherweise immer umsonst.

Wie alljährlich lockte auch diesmal das Wasser die Libellen an. Und da alle drei Kater noch nach allem sprangen, was flog, mußte es ja einmal passieren.

Zuerst erwischte es Bijou. In kühnem Höhenflug hatte er fast die Libelle erreicht, die sirrend über der Wasserfläche stillzustehen schien. Sie hob sich bei seinem Ansprung nur um wenige Zentimeter, der Absturz war unabwendbar. Erstaunlicherweise blieb Bijous Kopf über der Wasseroberfläche. Mit drei oder vier Schwimmstößen erreichte der Kleine den Rand. Er schüttelte sich, ich hielt schon ein Handtuch bereit, und die Sonne tat ein übriges. Bald darauf war Chichi an der Reihe. Auch er jagte ein Insekt und war so in Fahrt, daß er geradewegs ins Wasser hineinsprang. Wieder ein paar schnelle Stöße und das nachfolgende Abtrocknen. Joujou geriet an diesem Tag zweimal ins Wasser. Doch wie tröstlich, daß Katzen, denen man nicht zu Unrecht Wasserscheu nachsagt, im Ernstfall sehr schön schwimmen können. Entscheidend aber war, daß das Bassin nie zu einer Katzenfalle werden konnte, denn es hatte bis über den Wasserspiegel hinaus schräg nach oben verlaufende Wände. Tödlich für das hineingefallene Tier – Katze, Igel, Maus – sind die modernen Swimmingpools mit ihren senkrecht installierten Beckenwänden aus glattem Kunststoff. Hier könnte ein niedriger Plastikzaun um das Bassin herum lebensrettend sein; vielleicht auch schon ein größeres im Wasser treibendes Brett. Meine drei Schwimmer hatten offenbar nun Lehrgeld gezahlt, denn als ich am Spätnachmittag Bijou eine Libelle zeigte, die über dem Wasser stand, wich er entsetzt zurück.

Chichi nahm seine Rolle, die beiden Kleinen auszuführen, sehr ernst. Zuerst hielt ich es noch für einen Zufall, doch bald wurde die Absicht unverkennbar. Wenn nachmittags Bijou und Joujou in ihrem Körbchen anfingen, munter zu werden, umstrich Chichi mit sanftem Murren und Schnurren den Korb. Er beugte sich über sie, leckte ihnen die Ohren, biß ihnen zart in den Hals und stieß kleine Locktöne aus. Das dauerte eine Weile, und dann sah man die drei im Gänsemarsch dem Zaun zueilen. Diese Ausflüge wurden immer länger, die drei verpaßten Mahlzeiten und kamen jeden Tag später nach Hause. Wir sahen sie schon in Kämpfe mit Hunden und anderen Katern verwickelt, aber wenn sie zurückkehrten, waren sie unversehrt. Chichi spielte die Gouvernantenrolle vorzüglich, und nun beobachtete ich auch, daß sowohl Bijou als auch Joujou das Köpfchen gegen Chichis Kopf drückten, was sie vorher nie gewagt hatten. Chichi ist von Statur und Wuchs ein selten zierlicher Kater und federleicht. Das verlieh ihm etwas ausgesprochen Katzenhaftes. Dazu kam, daß er nie kratzte, wenn man ihn streichelte, sondern sofort schnurrte, vor Behagen einen Buckel machte und einen umschmeichelte.

Mein Mann, der seine Zuneigung eigentlich immer gerecht auf alle Katzen zu verteilen suchte, war doch von besonderer Zärtlichkeit zu Chichi. Als ich ihn einmal darauf ansprach, erzählte er mir ein Erlebnis aus weit zurückliegender Zeit. In Paris, in der rue Mouffetard, wo er einmal in einem kleinen Hotel garni gelebt hatte, gehörte zum festen Inventar auch eine wunderschöne Katze, mausgrau und zart wie Chichi. Die wenigen Hotelgäste kannten und liebten sie. Schon beim Frühstück umschnurrte sie die Anwesenden, und wenn sie beim Mittagstisch neben der Suppenterrine thronte, nahm ihr das niemand übel. Dann fuhr mein Mann für ein paar Tage in die Bretagne. Als er zurückkam, war die Pension geschlossen. An der Haustür hing, von schwarzem Trauerflor umwallt, eine Tafel: Mimi est morte. Erst drei Tage später wurde wieder aufgemacht.
Chichi hat seine anfänglich noch kindlichen Schmeichel- und Bestechungskünste zu schauspielerischen Glanzleistungen gesteigert. Unter den vieren steht er einzig da. Fürst Myschkin verschmäht jegliche Pose, er ist zwar klug, gibt sich aber einfältig, nur sein Kommen und Gehen kündigt er lautstark an. Den beiden Kleinen ist jede Art von Durchtriebenheit noch fremd, und ihre Stimmen sind so fein, daß man meist zuerst das aufgerissene kleine Maul wahrnimmt und dann erst den Versuch zu miauen. Chichi dagegen hat sich eine ganze Skala von Tönen

zugelegt, vom gellenden Angstgeschrei, mit dem er sich immer noch Myschkins zu erwehren sucht, bis zum vogelähnlichen Piepsen, wenn er in bestimmten Situationen meine Aufmerksamkeit auf sich ziehen will. Diese Situation ergibt sich immer dann, wenn er mich glauben machen möchte, er sei dem Verhungern nahe. Da er ein ausgemacht schlechter Esser ist, dazu ungewöhnlich mager, falle ich jedesmal darauf herein.

Der Vorgang spielt sich immer auf die gleiche Weise ab und findet immer am selben Ort statt. Leicht zusammengekrümmt liegt er auf einem Kissen auf dem Sofa. An Chichis Statur gemessen, erweckt dieser Liegeplatz die Vorstellung eines üppigen Miniaturdivans, auf dem er als hilfloses Etwas sein Leiden darbietet. Dazu stößt er die bewußten vogelähnlichen Laute aus. Meist eile ich sofort in die Küche und hole ihm etwas zu fressen. Wenn es Fleisch ist, verschlingt er es mit unangemessener Gier. Bringe ich Fisch, den er nur zu sich nimmt, wenn auch die letzte Aussicht auf Fleisch geschwunden ist, geht das Schauspiel seinem Höhepunkt entgegen. Ein vernichtender Blick treffen Fisch und mich, Chichi nimmt alle Kraft zusammen und wankt von seinem Platz herunter, es wirkt wie einstudiert, und wenn er unten ist, humpelt er davon. Er humpelt zielstrebig den ganzen Weg bis zum Kühlschrank, setzt sich davor und klagt. Sollte ich

dann noch nicht überwältigt sein, umhumpelt er mich in Achterschleifen – doch soweit kommt es selten. Ich habe ihn durchschaut, er mit sicherem Instinkt auch mich, warum also noch zögern? Ich habe das Gefühl, er greift zu dieser List, weil er findet, rohes Fleisch sei das einzig angemessene Katzenfutter. Er kann mit Ausdauer hungern, wenn kein Fleisch im Haus ist. Was mag man ihm bloß als Jungtier gegeben haben? Ich bin durchaus nicht sicher, daß seine ungewöhnliche Zierlichkeit lediglich ein Rassemerkmal ist. Womit hat er sich ernährt, ehe er auf jener Verkehrsinsel landete?
Zweimal habe ich eine übereinstimmende Beobachtung gemacht. In einem kleinen Eimer lagen geschabte rote Mohrrüben im Wasser. Chichi saß auf dem Abwaschtisch und starrte gebannt in das tiefer stehende Gefäß. Plötzlich schlug er mehrmals hintereinander kräftig ins Wasser, wie die Malayische Fischkatze, von der man weiß, daß sie sich Fische zur Nahrung aus Gewässern schlägt. Diese Verhaltensweise ist vermutlich auch anderen Katzen eigen. Chichi jedenfalls steckte in seinem Jagdeifer seine rechte Vorderpfote, nachdem die Schläge ins Wasser nichts gebracht hatten, bis fast zum Schultergelenk in den Eimer und mühte sich zu unser aller Staunen lange mit dem Angeln ab. Wir schlossen daraus, daß er sich irgendwo an Fischteichen herumgetrieben haben mußte. Später erzählten mir Nachbarn, Chi-

chi mache seine Spaziergänge vorzugsweise zu einem Goldfischteich in einem nahe gelegenen Garten. Da man bis jetzt aber noch keinen von ihm eventuell verspeisten Goldfisch bei mir reklamiert hat, ist Chichi entweder kein Fang gelungen, oder man hat den Verlust nicht bemerkt. Seine Leidenschaft jedenfalls, nach roten Mohrrüben in klarem Wasser zu fischen, ist nie verschwunden.
Elisabeth Hauptmann, Brechts langjährige Mitarbeiterin, hatte viele Katzen, und jede von ihnen konnte etwas, was eigentlich atypisch ist für Katzen. Die eine konnte – wie ein Hund – kleine Papierbälle, die man für sie warf, apportieren. Eine andere stand in dem Ruf, durch lautes Miauen – wie ein Hund durch Bellen – Besuch anzukündigen, wenn dieser sich noch im Treppenhaus befand. Eine dritte bekam jede Tür auf, weil sie aus dem Stand auf Türklinken sprang. Das alles wirkte ein bißchen wie Dressur, was Elisabeth Hauptmann aber energisch bestritt.

Andrerseits können Katzen Handlungen begehen, die in ihrem Ablauf wie vom Verstand diktiert wirken. Ganz in unserer Nähe wohnte Muschi, eine braungetigerte, altersweise und sehr selbstbewußte Katze. Immer, wenn ihre Familie auf Reisen ging, hütete ich Muschi. Ich kannte sie also mittlerweile gut und war daher auch nicht im mindesten erstaunt, als ich von jemandem, der es beobachtet hatte, folgendes erfuhr: Muschis Leute hatten sich vom Bauern gegenüber ein Schaf ausgeliehen, eigentlich mehr zum Spaß, das sollte die große Wiese beim Haus gemächlich abfressen, weil man das kraftraubende Sensen leid war. Das Schaf weidete also, und Muschi ging, manchmal knurrend, manchmal nur nachdrücklich mit dem Schwanz schlagend, um den Eindringling herum. Sie war sichtlich verärgert und machtlos zugleich. Nun muß man wissen, daß Muschi aus langer Tradition am Fußende einer Couch, auf der der Hausherr Mittagsruhe hielt, ihren Schlafplatz hatte. Den teilte sie mit niemandem. Eines Morgens nun, nachdem Muschi den Usurpator der Wiese wieder einmal eine Zeitlang mit Widerwillen betrachtet hatte, ging sie ins Haus. Die Verandatür stand weit offen, Muschi sprang auf die Couch und bettete sich mit Blick zur Tür. Doch ehe sie sich noch richtig zurechtgerückt hatte, fiel ein dunkler Schatten über sie – das Schaf stand vor der Couch. Zeternd vor Entsetzen sprang Muschi herunter, rannte durchs Haus, niemand war zu sehen. Muschi marschierte die lange Auffahrt hinauf bis zur Straße und wartete dort, zornig auf und ab stapfend, daß jemand käme. Als meine Nachbarin mit dem Wagen zurückkam, blockierte Muschi buchstäblich die Einfahrt, indem sie auch

auf Zurufen nicht von der Stelle wich. Meine Nachbarin stieg also aus, Muschi umkreiste sie einen Augenblick klagend und ging dann, sich immer wieder umblickend, ob man ihr auch folge, auf das Haus zu und ins Terrassenzimmer hinein. Auf der Couch schlief friedlich das Schaf. Es wurde augenblicklich vertrieben, dem Bauern zurückgegeben, doch Muschi mied fortan die Couch – bis diese schließlich desinfiziert wurde.
An einem Wintertag geriet einmal eine Katze zu uns ins Haus. Sie war vor Kälte und Hunger so erschöpft, daß sie sich kaum auf den Beinen hielt. Um zu verhindern, daß unsere Katzen sie gleich wieder verjagten, sperrte ich sie kurzerhand ins Gästezimmer. Dorthin brachte ich ihr zu fressen. Sie verkroch sich jedesmal im hintersten Winkel und knurrte mich an. Sobald ich das Zimmer verlassen hatte, fraß sie alles auf. Da ihr das Eingesperrtsein mißfiel, zerkratzte sie den Teppichboden im Umkreis der Tür und einen Fensterrahmen. Nach drei Tagen konnte ich mich zu ihr niederhocken, doch wenn ich die Hand nach ihr ausstreckte, wich sie zurück. Noch ein paar Tage mußten vergehen, bis ich sie endlich anfassen, ihr verschmutztes Fell ausbürsten und sie streicheln konnte. Man sollte sich einer Katze nie sicher sein.
Jahre später las ich das Gedicht »Die Katze« von Marie Luise Kaschnitz, das einen sehr ähnlich ver-

laufenden Annäherungsversuch zwischen Mensch und Katze beschreibt. Ich möchte eine kurze Sequenz zitieren, deren letzte Zeile, voller Ironie, die Wende schon ahnen läßt:

> »Am siebenten Tag
> Sprang sie auf seinen Schoß,
> ließ sich streicheln und schnurrte.
> Da kam er sich vor wie einer,
> der große Macht hat.«

Doch die Katze springt am nächsten Tag aus dem Fenster, drei Stockwerke tief, und verschwindet wieder in der Baugrube, aus der man sie herausgeholt hatte. Unsere Katze, die schon Ninette hieß, blieb unauffindbar, nachdem ich ihr zum erstenmal die Tür zum Garten geöffnet hatte.

Der Kindersommer meiner Katzen war verregnet, ein Sommer, in dem Viren und andere Krankheitserreger üppig gedeihen. Feuchte Wärme ist ihr Element. Ich hatte, meist im Frühsommer und Frühherbst, auch immer um meine jungen Hunde gebangt, denn zu solchen Zeiten tritt die Hundestaupe in der Regel epidemisch auf. Ich sagte schon, daß der Erreger der Katzenseuche mit dem der Hundestaupe nicht identisch ist. Es können sich also Hunde nicht an Katzen anstecken und umgekehrt. Doch die Katzenseuche, wie sie im Unterschied zur Hundestaupe im allgemeinen genannt wird, tritt gleichfalls epidemisch auf. Da der Katze jedoch meist nicht die gleiche Aufmerksamkeit zuteil wird wie dem Hund, und speziell dem Rassehund, werden die Symptome nicht so eingehend beobachtet. Zumindest nicht in ländlichen Verhältnissen. Da verkriecht sich die Katze, an der man bestenfalls eine kleine Unpäßlichkeit wahrgenommen hat, und kommt möglicherweise nach Tagen wieder zum Vorschein; zum Skelett abgemagert, wenn sie es überstanden hat, verstört und verschmutzt, oder sie bleibt weg und ist in irgendeinem Winkel qualvoll eingegangen. Manch einer, der auf sein Kätzchen achtgibt, denkt bei den allerersten Anzeichen von Krankheit, es könne Gift gefressen haben. Die Symptome einer Vergiftung, zumeist verursacht durch sorglos ausgelegte Phosphor, Strychnin oder Arsen enthaltende Mittel zur Bekämpfung von Ratten, Wühlmäusen und anderen Nagetieren, sind den Anfangserscheinungen der Katzenseuche zum Verwechseln ähnlich. Auch hier kann nur der Arzt entscheiden. Ist man jedoch sicher, daß das Tier Gift aufgenommen hat, versuche man, ihm soviel Milch wie möglich einzuflößen und streue ihm dann mit einem Teelöffel Salz auf die Zunge, in der Hoffnung, es müsse daraufhin erbrechen. Das ist aber nur ein Vorschlag für erste Hilfe, man kann keinen Schaden damit anrichten und vielleicht noch etwas retten. Trotzdem ziehe man gleichzeitig einen Arzt zu Rate. Die Katzenseuche ist in ihren Auswirkungen der Hundestaupe sehr ähnlich; auch sie befällt die Luftwege, den Magen und den Darmtrakt. Die Inkubationszeit dauert gewöhnlich zwischen sechs und zehn Tagen. Die Seuche kann so konzentriert auftreten, daß ein junges Tier stirbt, ehe man überhaupt merkt, daß ihm etwas fehlt. Sie kann aber auch so schleichend und vage vorhanden sein, daß keines ihrer typischen Merkmale eindeutig paßt, und es für eine Behandlung schon zu spät ist. Besonders gefährdet sind Kätzchen – wie Jungtiere überhaupt – um die Zeit ihres Zahnwechsels. Es ist daher ratsam, darauf acht zu haben, ob das Tier erbricht, blutigen und schleimigen Durchfall hat oder eine verklebte und Flüssigkeit absondernde Nase und verschmierte Augen. All das muß natürlich nicht gleich Katzenseuche sein. Eine Katze kann Schnupfen und Husten haben, Lungenentzündung, auch eine Bindehautentzündung ist keine Ausnahmeerscheinung. Man hüte sich aber davor, sich mit eigenen Diagnosen zufriedenzugeben. Selbst wenn der hinzugezogene Tierarzt nur eine Erkältung oder eine Magenverstimmung feststellen sollte, hat man als Trost die Gewißheit, kein staupeverseuchtes Tier zu haben. Ist die Diagnose aber nicht sicher und liegt doch

Verdacht auf eine Infektion vor, so richte man der erkrankten Katze als erstes ein vor Zugluft geschütztes, warmes Lager ein, wenn möglich, in gewohnter Umgebung. Dann braucht sie leicht verdauliche, konzentrierte Nahrung, die man ihr häufig vorsetzt. Hat die Seuche den Bronchialtrakt befallen, säubere man Augen und Nase der Katze mit lauwarmem Kamillentee. Sind Magen und Darm erkrankt, kann man mit leicht auswechselbaren Zellstoffeinlagen die Verschmutzung des Liegeplatzes verhindern. Ist die Krankheit überstanden, beseitige oder vernichte man Kissen und Tücher, die als Krankenlager gedient hatten und lasse wenigstens ein halbes Jahr verstreichen, ehe man sich eine neue Katze anschafft.

Trotz des feuchten Sommers gediehen unsere Käterchen prächtig. Sie entwickelten sich sichtlich zu unterschiedlichen Persönlichkeiten und selbst Myschkin begann, sie ernst zu nehmen, denn wenn eines von ihnen gehörig fauchte, fauchte er zwar zurück, machte aber schon einen merklichen Bogen um sie herum und jagte sie nicht mehr prinzipiell durch den ganzen Garten. Zu Chichi blieb sein Verhältnis gespannt, ihn jagte er, wo er seiner ansichtig wurde – allerdings nur außerhalb des Hauses.

Innerhalb des Hauses herrschten bestimmte Riten, an die Chichi sich genau hielt. Der Treffpunkt beider war vorzugsweise die Küche. Eines der Küchen-

Joujou und Chichi am Mauseloch

fenster hatte einen unverglasten Durchschlupf, durch den im Sommer und Winter alle Katzen ungehindert aus- und einstiegen. Damit die beiden Kleinen diesen Eingang auch benutzen konnten, hatte mein Mann einen längsgeteilten Baumstamm herbeigeschleppt und die runde Fläche mit dem Beil eingekerbt. Diesen Stamm lehnte er an die Fensterbank, und nun bediente sich selbst Fürst Myschkin, der immer direkt auf die Fensterbank gesprungen war, des Katzenbalkens, um gravitätisch hinaufzuschreiten.

Ein Zusammenstoß zwischen Myschkin und Chichi

auf diesem Balken fand nie statt. Wenn Myschkin mit kraftvollem Sprung durchs Fenster in die Küche setzte, rettete sich Chichi stets in einen schmalen Spalt zwischen Kühlschrank und daran angrenzendem Regal. Da blieb er lautlos und unbeweglich sitzen. Myschkin fauchte dann in der Küche herum, nahm ihn aber nicht zur Kenntnis. Chichis Position war günstiger, wenn es ihm glückte, unter dem Regal zu verschwinden. Hier fühlte er sich sicher, von dort hörte man ihn leise fauchen. Der Nachteil dieses Verstecks war nur, daß er nicht ergründen konnte, was ich Myschkin vorgesetzt hatte. Sobald sich Myschkin dann aber laut fauchend und ebenso laut schmatzend mit einem Bückling oder mit Fleisch zu schaffen machte, streckte Chichi, vor Neugierde fast vergehend, doch den Kopf unterm Regal hervor. Einige Male überwältigte ihn der Anblick des schmausenden Myschkins so, daß er sich immer weiter vorwagte. Ich hielt dann vorsichtshalber auch für ihn etwas bereit, und manchmal gelang es mir, den Abstand um ein beträchtliches Stück zu verkürzen. Doch sie auf »Nasenfühlung« zu füttern, wie es immer noch zwischen Chichi, Bijou und Joujou usus ist, gelang mir nicht.

Joujou und Bijou hatten ihren Zahnwechsel hinter sich. Bijous Eckzähne bildeten sich zu zwei ansehnlichen Kegeln aus, Joujous zweites Gebiß war nadelspitz wie das erste. Nun mochten sie nicht mehr

Bijou am Katzenbalken

nur nach Schmetterlingen jagen, sie wollten endlich auch einmal etwas Ergiebigeres fangen. Chichi hatte ihnen gezeigt, daß es Mauselöcher und Maulwurfsbaueingänge gab und wie man sich angesichts solch verlockender Aussichten zu verhalten habe.
Stundenlang konnte man sie in einer Reihe, Chichi zwischen den beiden, vor einem Maulwurfshügel sitzen sehen. Unbeweglich, lautlos, nur hin und wieder zuckte ein schwarzes oder ein rotes Ohr. Zu solch langwierigem Belauern hatten sie sich den Abend, kurz vor Einbruch der Dämmerung, ausgesucht. Dann war es kühler und Myschkin auf jeden

Fall zu eigenen Unternehmungen aufgebrochen. Ob sie auf diesen gemeinsamen Beutezügen jemals Erfolg hatten, weiß ich nicht.
Bijou und Joujou waren nun gut ein halbes Jahr alt. Zu diesem Zeitpunkt gelten Katzen als erwachsen. Wann sie allerdings wirklich erwachsen sind, bestimmen sie vermutlich selbst. Chichi zum Beispiel, der nach Körperbau und Geschlechtsreife bald ein Jahr alt sein mußte, blieb weiterhin so kindlich und verspielt, wie Myschkin es im gleichen Alter längst nicht mehr gewesen war. Myschkin kam mit knapp einem Jahr bereits zerkratzt und blutig nach Hause, beleckte schon stolz seine Wunden, schnurrte nur noch bei besonderen Anlässen und legte wenig Wert darauf, Schoßkatze zu sein.
Als Joujou ungefähr fünf Monate alt war, brachte er eines Morgens, wir saßen gerade beim Frühstück, ein kleines Stück Holz im Maul herbei. Er legte es neben den Sessel meines Mannes und sah ihn laut miauend an. Mein Mann lobte ihn und streichelte ihn, denn es war offensichtlich, daß Joujou glaubte oder glauben machen wollte, er habe eine Maus gebracht. Das Lob machte ihn stolz und mutig. Er sprang mit einem Satz auf allen vier Füßen über die vermeintliche Maus, schlug sie dann mit der Pfote auf dem Teppich ein Stück weiter, sprang wieder auf sie zu und schlug sie mit herausgestreckten Krallen, so daß das morsche Stück Holz an seiner Pfote

hängenblieb. Er schüttelte sich und die Pfote, die Maus fiel wieder ab, und er umtanzte sie selbstbewußt und gleichsam siegestrunken. Bijou, der von einem Sessel aus dieses Schauspiel beobachtet hatte, kam langsam näher. Noch hatte der verzückte Joujou ihn nicht bemerkt. Da schlug Bijou blitzschnell nach der Maus. Sie rutschte über den ganzen Teppich, und urplötzlich standen Bijou und Joujou einander Nase an Nase gegenüber. Hatten sie sich seit eh und je auch spielerisch gebalgt – diesmal gab es den ersten ernsthaften Kampf. Zuerst hagelte es Ohrfeigen. Und es ist unvorstellbar, in wie schneller Folge Katzen einander mit den Vorderpfoten backpfeifen können. Danach verkrallten sie sich ineinander und rollten fauchend und schreiend durchs Zimmer. Bijou blieb Sieger. Stolz zog er mit der Holzmaus von dannen.
Leider war er nun auf den Geschmack gekommen, denn zwei Tage später brachte er einen jungen Grünfink an. Er legte ihn mir zu Füßen. Ich war erschrocken und traurig. Der Grünfink lebte noch und war offensichtlich unverletzt. Ich trug ihn auf eine niedrige Tanne, weil ich das Elternpaar locken hörte. Sie kamen aber nicht, sie fürchteten die Katzen. Als es Abend wurde, brachte mein Mann den Grünfink auf das unbewohnte Nachbargrundstück. Die Vogeleltern lockten noch immer. Am nächsten Morgen war das Junge verschwunden. Wir hofften

sehr, die Eltern hatten es fortholen können, zumindest lagen keine Federn herum als Zeugnis eines Kampfes.
Chichi belauerte stundenlang das Nest eines Baumläuferpaars im Geräteschuppen. Auf einem hochgestellten Hauklotz hinter der Lattenwand, durch die sie ein- und ausschlüpfen konnten, hatten die Baumläufer ihr Nest. Zuerst glaubten wir, Chichi wolle im Schatten sitzen, aber dann merkten wir, daß er sich immer wieder auf die Hinterbeine stellte und sich mit der Vorderpfote zwischen zwei Latten zu schaffen machte. Im selben Moment war das erschrockene Baumläuferpaar zu hören. Aus dem Nest jedoch drang kein Laut. Wir verbarrikadierten den Zugang mit einem Brett, und schon bald gab Chichi seinen Jagdplatz auf. Er hatte begriffen, daß für ihn dort nichts mehr zu holen war.

Wenn man es nur irgendwie bewerkstelligen kann, soll man in der Brutzeit der Vögel auf seine Katzen aufpassen. Eine gute Fütterung allein richtet nichts aus. Der Jagdtrieb dominiert. Trotzdem glaube ich, daß gut ernährte Katzen weniger jagdlüstern sind als hungrige. Joujous erstes Jagdabenteuer wurde für ihn zum Bumerang. Unsere jungen Eichelhäher, deren Nest sich direkt am Haus unter der Dachrinne befand, waren ausgeflogen. Die Alten hatten sie über den Zaun locken können und kehrten selber noch ab und zu zurück in den Garten. Ausgerechnet eines der Elterntiere hatte Joujou sich auserkoren. Der Vogel pickte ahnungslos auf dem Waldboden herum. Joujou setzte zum Sprung an, ich war gerade im Begriff, in die Hände zu klatschen, da hatte das Blatt sich bereits gewendet. Bei Joujous Ansprung war der Eichelhäher kerzengrade in die Höhe geflogen, Joujou unter ihm durchgeschossen, und ehe er noch den Sprung abstoppen konnte, stieß der Eichelhäher aus beträchtlicher Höhe auf ihn nieder. Für Bruchteile von Sekunden krallte er sich in Joujous Nacken fest, es sah aus, als versuche Joujou ihn abzuschütteln, vielleicht schüttelte ihn aber auch der Eichelhäher. Ich klatschte nun doch in die Hände und lief auf die beiden zu. Der Eichelhäher flog auf, Joujou sprang rückwärts, dann war ich schon bei ihm. Joujou ließ sich kaum anfassen, so eilig hatte er es, auf die Veranda und ins Haus zu kommen.

Ich weiß nicht, was geschehen wäre, wenn ich mich nicht eingemischt hätte. Wahrscheinlich hätte Joujou ein paar kräftige Schnabelhiebe abbekommen, denn Eichelhäher sind starke und mutige Vögel – nebenbei bemerkt: auch arge Nesträuber. Mit Vogeleltern größeren Formats anzubandeln, ist nicht ratsam – Chichi hatte schon früh im Jahr die gleiche Erfahrung mit einem aufgebrachten Amselmännchen gemacht. Die größeren Vögel scheinen tatsächlich nicht sonderlich ängstlich zu sein, denn jeden Morgen zähle ich mindestens zehn bis zwölf Amseln und unser am Haus nistendes Starenpaar auf der Wiese, wo sie in aller Gemütsruhe hacken und herumpicken und sich allenfalls untereinander mit mißtönendem Krächzen streiten.

Als Herausforderung werden, wohl von allen Katzen, die Eichhörnchen angesehen. Vielleicht, weil sie auch auf den Bäumen herumklettern, vielleicht, weil sie einen so provozierenden Schimpflaut ausstoßen. Besonders Myschkin sind sie ein Dorn im Auge, und er macht Jagd auf sie, wo immer sie sich blicken lassen. Auf den Bäumen ist der Kampf ungleich, das finden die Katzen schnell heraus. Es hilft nur stundenlanges Belauern, um den Moment zu erwischen, wenn das Eichhörnchen auf den Boden springt. Und auch hier sind die Chancen minimal. Soviel ich weiß, ist Myschkin nur einmal ein Fang gelungen. Glücklicherweise war ich nicht Zeuge des Kampfes, ich kam nur zufällig hinzu, als er dem Eichhörnchen den Kopf abgebissen hatte und das Blut trank. Ich berichte von diesem für unsere Begriffe unschönen Vorgang nur, weil er deutlich macht, daß bei aller Domestiziertheit, beim fleißigsten Bemühen, eine Katze ›fromm‹ zu machen, der Urinstinkt immer wieder durchbricht. Mäuse und Ratten zu töten erlaubt der Mensch, wie soll die Katze da unterscheiden? Myschkin jedenfalls legte sich zufrieden neben seiner Beute schlafen, wie die Großkatzen es tun, und ein paar Stunden später sah ich ihn das Eichhörnchen genüßlich verzehren.

Um nicht zuviel aus der Zeit des Aufwachsens unserer vier Katzen, die untereinander doch sehr verschieden waren, zu vergessen, begann ich, mir Notizen zu machen, eine Art Katzentagebuch zu führen.

Darin steht nun alles einträchtig beieinander, Myschkins ständiges Gezänk mit Chichi, das sich hin und wieder in dramatischen Höhepunkten zuspitzt, denn Chichi wird langsam aggressiv, er bleibt nächtelang weg und bringt beachtliche Kratzer nach Hause. Erstaunlicherweise aber hat er nichts von seiner ursprünglichen Zutraulichkeit verloren. Er springt immer noch unaufgefordert auf meinen Schoß, wenn ich vor der Schreibmaschine sitze, wenn ich mit Büchern und Heften hantiere, er erwartet mich jeden Morgen und läuft beim Frühstückzubereiten in der Küche neben mir her. Ich bin sicher, er tut es nicht, weil er hofft, es könne dabei Fleisch für ihn abfallen, er tut es aus Zuneigung. Er könnte es ja auch lassen. Denn ein ausgewachsener Kater, der seinen Interessen nach-

Bijou

geht, entfremdet sich mehr und mehr der häuslichen Atmosphäre.

Juli

Die Kleinen schlafen viel, draußen ist es ihnen zu naß und zu kalt. Immer, wenn das Gartentor klappt, läuft Bijou hinaus, um nachzusehen, wer gekommen ist. Er ist zutraulich wie ein kleiner Hund und begleitet den Ankömmling vom Tor bis zur Haustür. Er kann auch Männchen machen und mit uns bei Fuß ein Stück spazierengehen. Bin ich im Garten, wirft er sich plötzlich vor meinen Füßen auf den Rücken, streckt alle vier Beine in die Luft und verlangt, am Bauch gekrault zu werden. Dabei seufzt er dann tief und brummt wohlgefällig vor sich hin. Er ist gewissermaßen der Kasperle unter den Katzen. Joujou scheint nervös zu bleiben, er flieht entsetzt vor jedem, der den Garten betritt.

Wenn es einmal sonnig ist, treffen sich alle vier Kater zur Teezeit auf der Veranda. Myschkin, Bijou und Joujou sitzen in fast gleichem Abstand auf der Verandabrüstung. Chichi verharrt reglos unter meinem Stuhl. Da alle Katzen grundsätzlich nie bei Tisch gefüttert, das heißt nie mit Häppchen bedacht wurden, weiß ich nicht, was sie auf die Veranda lockt. Aber sie sehen wunderschön aus, wie sie so dasitzen, weiß, schwarz und rot.

Am Sonntag fühlt sich Joujou nicht wohl. Zwei Abende zuvor ist er in den Swimmingpool gefallen, eigentlich mehr gesprungen, denn er wollte mich, als ich vorbeiging, überholen und sprang zu kurz. In Sekundenschnelle war er draußen und auch schon abgetrocknet. Jetzt hat er vierzig Grad Temperatur. Wird es eine Lungenentzündung? Der Arzt ist nicht sicher. Am Abend vermisse ich Bijou. Ich suche ihn lange, auf Rufen kommt er nicht. Das ist verdächtig. Endlich finde ich ihn in einer Grasmulde im hinteren Garten. Er läßt sich ins Haus tragen, unbeweglich wie ein Stofftier. Ich messe Temperatur: vierzig Grad. Auch Lungenentzündung? Das ist unwahrscheinlich. Beide bekommen sofort ein Antibiotikum. Die Dosierung ist mir bekannt, passieren kann also nichts. Was ist mit Chichi? Er frißt nicht, er verschwindet, ist stundenlang unauffindbar, er benimmt sich höchst merkwürdig, seine Nase ist aber kühl. Hat er Liebeskummer? Bijou und Joujou absolvieren den gleichen Krankheitsverlauf, wie Joujou vor Wochen allein.

Chichi macht mir nun doch Sorgen. Tagsüber ist er nicht zu finden, abends trinkt er nur Milch, verschmäht das Fleisch und verschwindet wieder. Er ist äußerst schreckhaft und springt rückwärts, wenn ich nur die Hand nach ihm ausstrecke. Eine

Chichi

unbegreifliche Reaktion bei seiner sonst so großen Anhänglichkeit. Er läuft sogar vor mir davon und verkriecht sich unterm Schrank, sobald ich Anstalten mache, mich ihm zu nähern. Ist er etwa eifersüchtig, weil ich mich tagsüber so viel um die Kleinen kümmere? Aber tagsüber ist er meist nicht zu Hause. Er wird immer rätselhafter. Drei Tage dauert dieser Zustand nun schon an.

Bijou und Joujou sind wieder völlig in Ordnung. Vermutlich war es ein Grippeanfall.

Abends schleicht sich Chichi wie ein geprügelter

Hund in die Küche. Ich biete ihm Fleisch an, Fisch und kondensierte Milch. Er nimmt nichts. Er blickt sich nur ängstlich um und zittert am ganzen Körper. Ich taste ihn vom Kopf bis zum Schwanzende nach Verletzungen ab. Sein scheues Gebaren veranlaßt mich anzunehmen, er sei geschlagen worden oder in eine Falle geraten. Es ist nichts zu finden, auch seine Beine und Fußballen sind unverletzt. Nach drei Tagen des Herumratens will ich nun endlich wissen, was los ist. Ich sperre ihn kurzerhand in mein Arbeitszimmer ein, stelle Milch und Fleisch bereit und das nun unvermeidliche Katzenklo. Chichis Nase ist immer noch kühl, fast kalt. Hätte er Gift gefressen, müßte er inzwischen auf eine andere Art krank sein. Soweit ich Gelegenheit hatte, ihn zu beobachten, hat er seit mindestens zwei Tagen jegliche Nahrung abgelehnt.

Am nächsten Morgen das gleiche Bild: unangerührte Näpfe und ein zitternder Chichi unterm Sofa. Der Arzt rät zu einem Öleinlauf. Vielleicht vermutet er Bezoare, er sagt es aber nicht. Bezoare sind kleine Haarkugeln. Durch das beständige Fellputzen gelangen Haare in den Magen und vermischen sich dort mit dem Speisebrei. Im allgemeinen passieren sie Magen und Darmtrakt und werden ausgeschieden. Sie können sich aber auch verhärten und den Magenausgang verstopfen.

Wenn man dann Freßunlust konstatiert, liegt der Verdacht auf Bezoare nahe.
Der Öleinlauf ist eine Prozedur, aber sie gelingt. Ich behalte Chichi im Zimmer und beobachte ihn. Er hat sich nach dem Einlauf ein wenig beruhigt und liegt nun, noch immer zitternd, auf einem warmen Tuch. Ich decke ihn zu, er läßt es geschehen. Nach einer Weile merke ich, daß das Öl unverrichteter Dinge wieder herausläuft. So entschließe ich mich ein paar Stunden später zu einem Seifenklistier. Chichi schreit, er kratzt, er strampelt und faucht. Der Erfolg stellt sich aber auch augenblicklich ein. Völlig erschöpft bleibt Chichi später auf dem Teppich liegen. Ich habe eine Heizsonne aufgestellt, die Wärme tut ihm wohl. Sogar das Zittern läßt langsam nach, doch wenn ich die Hand nach ihm ausstrecke, zittert er von neuem. Das ist vermutlich die Erinnerung an die überstandene Einlaufprozedur. Ich bleibe neben ihm sitzen und lese. Wenig später schleckt er ein bißchen angewärmte Kondensmilch auf, ich habe das Tellerchen ganz vorsichtig an ihn herangeschoben, er trinkt im Liegen, den Kopf etwas angehoben. Wie ich den leeren Teller zurückziehe, läßt Chichi den Kopf mit einem leisen Aufprall auf den Teppich fallen und streckt gleichzeitig alle vier Beine von sich. Eine Schrecksekunde lang wirkt es wie Agonie. Doch sein Herz schlägt ruhig, und dieses

Sich-Ausstrecken ist wohl ein allererstes Zeichen von Wohlbefinden des augenscheinlich maßlos erschöpften Tiers.

September

Chichi frißt wieder mit gewohntem Appetit und meidet nicht mehr grundsätzlich unsere Nähe. Trotzdem dauert es Tage, bis seine Verstörtheit, seine Schreckhaftigkeit nachlassen. Ich werbe angestrengt um ihn, und es ist spannend zu beobachten, wie sich nun ganz allmählich, als seien sie ausgelöscht gewesen, seine alten Gewohnheiten wieder einstellen. Zuerst kommt er, wenn auch unentschlossen, auf mein Rufen. Dann darf ich ihn wieder anfassen, und er kratzt nicht, wenn ich ihn auf den Arm nehme. Er schnurrt aber immer noch nicht und springt sofort wieder herunter. Zögernd sucht er seine alten Plätze auf, in der Küche neben dem Kühlschrank, zum Ausruhen den Sofaplatz. Es wirkt immer noch, als erinnerte er sich der alten Gepflogenheiten nur mühsam. Und es vergehen noch einmal vierzehn Tage, bis er, sehr scheu und zaghaft, während ich arbeite, auf meinen Schoß klettert. Ich fasse ihn vorsichtshalber nicht an, er bleibt eine Weile unschlüssig, dann rückt er sich zurecht und beginnt zu schnurren. Wäre er nicht schon zu Beginn seiner Krankheit so ängstlich gewesen, nähme ich an, die Einlaufprozeduren hätten ihn handscheu gemacht. Was ihm nun wirklich gefehlt hat, weiß ich nicht. Vielleicht war es ein Schock.

Oktober

Der Herbst ist angenehm mild. Bijou und Joujou sind mächtig gewachsen. Beide sind inzwischen länger, breiter und höher als Chichi. Doch Chichi gibt noch immer den Ton an. Er kann sie verfolgen und beißen, sie weichen ihm aus und bringen sich in Sicherheit. Es ist schon ein merkwürdiger Anblick, wenn die beiden kleinen Riesen vor dem schmächtigen Chichi ausreißen. Geradezu unauslöschlich scheint sich ihnen in der Rangordnung eingeprägt zu haben, daß Chichi bereits erwachsen war, als sie sich noch mit zaghaften Schritten durchs Gras tasteten. Ich nehme an, daß sich dieser Zustand nie entscheidend ändern wird.

November

Der erste Schnee, schon früh in diesem Jahr, zeigt eine interessante Reaktion: Chichi geht zielstrebig hindurch, er liegt ungefähr zehn Zentimeter hoch. Chichi kennt den Schnee also schon. Bijou bleibt zuerst einmal auf der Schwelle stehen, nimmt Witterung, streckt vorsichtig ein Pfötchen aus, kratzt am Schnee, leckt daran und geht ein paar Schritte hinein. Joujou sieht ihm einen Augenblick dabei zu und retiriert dann schleunigst ins Zimmer. Der Vorsicht halber bis gleich unter den Schrank. Dann plagt ihn vermutlich die Neugierde, ich begleite ihn zur Tür und versuche, ihn hinauszulokken. Er weicht wieder mit allen Anzeichen des Schreckens zurück. Ich fege den Schnee von der Schwelle und mache einen langen Weg bis unter die Tannen frei.

Bijou hat sich schon so an den Schnee gewöhnt, daß er sich darin wälzt. Es macht ihm großen Spaß. Ich hole Joujou und stelle ihn auf den frisch gefegten Pfad. Er bleibt lange überlegend stehen, setzt dann umständlich ein Bein vor das andere, schüttelt seine Pfoten und läuft eilig ins Haus zurück. Es dauert noch Tage, bis er freiwillig hinausgeht.

Vorläufig setze ich Joujou, da mir nichts anderes übrigbleibt, zu festgesetzten Zeiten einfach vor die Tür. Vom Fenster aus kann ich dann sehen, wie langsam er dem Pfad bis unter die Tannen folgt und nach einer weiteren Angstpause schnell ein Loch in den Schnee scharrt. In Windeseile ist er wieder im Haus. Ich wundere mich, warum er das Loch nicht einfach auf dem schneefreien Weg kratzt. Stephan meint, das hänge mit dem Sinn für Reinlichkeit zusammen. Und er hat sicher recht, denn ich beobachte bald das gleiche Verhalten bei Chichi und Bijou.

Das Schnee-Erlebnis quittiert Joujou mit Unpäßlichkeit und Fieber. Wir definieren sein Verhalten als Schneeschock.
Nach ein paar Tagen, als es taut und er die schmelzenden Schneehaufen in großem Abstand umgehen kann, ist er wieder gesund – oder wieder normal. Er ist körperlich so gut entwickelt, mittlerweile sogar größer, kräftiger und muskulöser als Bijou, daß man das Maß an Anfälligkeit nur schwer seiner physischen Beschaffenheit zurechnen kann.

Dezember

Kurz nach Weihnachten rutscht Bijou, offenbar im Schlaf, vom Kachelofen und fällt ziemlich unglücklich zwischen Wand und Ofen. Der Zwischenraum ist so eng, daß er den Sturz nicht tarieren kann. Ehe noch jemand hinzuspringt, plumpst er auf sein Hinterteil, bleibt erschrocken sitzen und humpelt dann zu seinem früheren Sesselplatz, auf den er umständlich klettert anstatt zu springen.
Vom Sessel geht er vorläufig nicht mehr herunter, man merkt, daß er selbst aus dieser geringen Höhe nicht zu springen wagt. Ich füttere ihn also auf dem Sessel und trage ihn von Zeit zu Zeit nach draußen. Bijou hat sich einen der oberen Schwanzwirbel verstaucht und das deshalb, weil

er während des Falls nicht die Möglichkeit hatte, den Sturz mit dem Schwanz zu steuern. Vom selben Ofen war er, seit er ihn sich zum Schlafplatz erkoren hatte, mehrmals am Tag heruntergesprungen. Und man sagt Katzen zu recht nach, daß sie selbst aus großen Höhen sicher springen. Wenn sie nicht unglücklich fallen, sind sie dank ihrer Wendigkeit immer imstande, den Sprung zu korrigieren. Bijou ist ein sehr geduldiger und folgsamer Patient. Später las ich irgendwo, die NASA habe durch Beobachtungen an Katzen den freien Fall studiert.

Januar

Myschkin und Chichi haben eine Art Burgfrieden geschlossen. Das neue Jahr bringt soviel Schnee, daß ein Kampieren im Freien auch dem abgehärteten Myschkin nicht mehr behagt. Er schlägt sein Lager auf Stephans Bücherregal auf. Von dort hat er einen guten Überblick über alles, was ringsum geschieht. Katzen lieben es, auf hochgelegenen Plätzen zu liegen und zu dösen. Hier ist die Sicherheit nahezu vollkommen. Wer sie angreifen will, müßte zuerst einmal springen. Dieser Theorie folgt auch Joujou, er bezieht Myschkins grün ausgeschlagenen Henkelkorb auf dem Küchenschrank.

Bijou, der inzwischen nicht mehr humpelt und

schon seit Tagen von einer bestimmten Sessellehne aus den Kachelofen anpeilt und im Geist sicher schon den Sprung vollzieht, geht vorläufig noch diesen anstrengenden Überlegungen nach. Noch ist er nicht gesprungen. Und es sieht schon komisch aus, wenn er nach langem intensiven Starren auf den Ofen zum Sprung ansetzt und dann doch nicht springt. Manchmal, wenn er danach von der Sessellehne herunterklettert, wirkt es, als schüttele er den Kopf über soviel Unentschlossenheit. Als er endlich springt, gelingt der Sprung mühelos.

Februar, März

Die schneereichen und kalten Wochen gehören vorwiegend der Beobachtung und Behandlung von Joujou. Wieder ist er es, der uns und auch den Arzt vor Rätsel stellt. Immer noch meidet er den Schnee, und ein paar Tage nach Bijous Genesung fängt er an zu humpeln. Zuerst fällt es mir auf, wenn er sich einmal draußen aufhält. Dann beobachte ich, wie umständlich und mühsam er sich vor dem Freßnapf niederläßt. Nachdem er eine Weile stehend gefressen hat, setzt er sich zuerst auf das eine, dann auf das andere Hinterbein. Eine Weile später wird ihm diese Halbbelastung unbequem, und er versucht, auf beiden Hinterbeinen zu sitzen. Das gelingt ihm auch, doch man hat den

Eindruck, das Sitzen verursacht ihm Schmerzen. Der zuerst konsultierte Arzt hält es für Rachitis, verordnet Vitamine, Bestrahlung, Massage. In den nächsten Wochen ändert sich so gut wie nichts. Ich glaube nicht an Rachitis, dazu war die Grundernährung Joujous viel zu vorbeugend. Eine zweite Untersuchung, einen Monat später, konstatiert überdehnte Sprunggelenke. Das erscheint mir zutreffender, denn Joujous Hinterbeine sind tatsächlich, proportional zum Körper, ungewöhnlich lang und dünn. Er bekommt Spritzen, die eine merkliche Besserung bewirken. Weiter bekommt er Kalk und Vitamintabletten. Es wird langsam wärmer, und Joujou legt sich aus freien Stücken an die sonnigsten Plätze im Garten. Ob ein Instinkt ihm sagt, daß er die Wärme braucht?

Wenn man bedenkt, von wieviel Krankheiten Katzen heimgesucht werden können, möchte manch einer vielleicht lieber davon absehen, sich ein Kätzchen anzuschaffen. Zu seiner Beruhigung sei gesagt, daß eine Reihe der hier angeführten Fälle auch weniger gravierend verlaufen kann. Ich kannte Katzen, die ihr Leben lang nicht einmal Schnupfen hatten. Im allgemeinen ist die Katze ein robustes, willensstarkes Geschöpf. Vergessen wir nicht, daß sie Jahrzehnte der Verfolgung und der fast perfekten Ausrottung überstanden hat.

Haben wir uns aber mit ihr eingelassen, so muß sie auf unsere Hilfe zählen können. Ich sah einmal eine Katze, die sich hin und wieder zum Fressen bei uns eingefunden hatte, unter Qualen drei tote Junge zur Welt bringen. Man mußte sie vorher verprügelt oder mit Steinen beworfen haben. Sie putzte und beleckte die toten Jungen, sie nahm sie ins Maul und schien nicht begreifen zu können, was geschehen war. Als ich ihr die Kleinen fortgenommen hatte, lief sie klagend umher und suchte sie. Zum Glück hatte in der Nachbarwohnung eine Katze gerade fünf gesunde Junge geworfen. Ich brachte die beiden Katzenmütter zusammen und das Ammengeschäft funktionierte fabelhaft. Die Kleinen erhielten doppelte Rationen – und abgesehen von einigen Eifersüchteleien, die stets mit dem Austausch schallender Backpfeifen zwischen den Katzenmüttern endeten, gestaltete sich das Familienidyll harmonisch.

Ganz und gar nicht harmonisch verlief ein Geschehnis, das mir meine Katzenfreundin Christine erzählte und das mit einem verwaisten Kätzchen endete. Christines Katze war trächtig. Eine Sterilisation sollte erst nach dem Werfen vorgenommen werden, denn um Mutterschaft gebrachte, zu früh sterilisierte Katzen können neurotisch werden. Ich kannte einen solchen Fall, in dem die Katze jahrelang Scheinschwangerschaften hatte, die immer so abliefen, daß sie sich in einem Schrank, in einer Schublade oder in einer geschützten Ecke Stoffteile zusammenscharrte und daraus eine Art Nest baute. Dann richtete sie sich darin ein, miaute ab und zu ein bißchen, und nach ein paar Tagen war der Spuk vorbei. Auch Christines Katze hatte sich im Schrank ein Nest gebaut, es ein paar Tage lang begutachtet, sie war also ihrem Instinkt gefolgt, etwas anlegen zu müssen, das den Jungen Schutz bot. Die Niederkunft stand bevor, doch der Wurf ließ auf sich warten. Vielleicht hatte das lange Warten die Katze verstört, vielleicht war ihr als Erstgebärende der physische Vorgang der Geburt nicht geheuer, oder war falsches Instinktverhalten im Spiel: den beiden ersten Jungen biß sie noch in der Fruchthülle den Kopf ab. Das dritte, das eine Weile später kam, konnte ihr gerade noch fortgenommen werden. Man kann auch der Theorie der Forschung folgen; sie spricht dem Tier nach seiner Domestikation Verhaltensweisen ab, die es als Wildtier besaß.

Jedes Kätzchen kommt in einer durchsichtigen, leicht schleimigen Hülle zur Welt. Zwischen den einzelnen Geburten, die unterschiedlich lang sein können, beißt die Mutterkatze die Embryonalhülle auf und verzehrt sie samt der Nachgeburt, die an der Nabelschnur des Kleinen hängt. In unserem Fall mußte das zuletzt geborene Kätzchen erst noch aus seiner Umhüllung befreit werden. Mit einer sterilisierten Schere kürzt man dann die Nabelschnur auf ca. drei Zentimeter Länge und umwickelt sie, wenn sie blutet, mit einem sterilisierten Faden.

Und dann steht man da mit dem winzigen Etwas, das einen sofort vor Probleme stellt. Zuerst muß ein so temperiertes Lager her, daß es die fehlende Körperwärme der Mutterkatze ersetzt. Dann muß man wissen, daß eben geworfene Kätzchen, so blind und tapsig sie auch sind, mit erstaunlicher Schnelligkeit die mütterlichen Zitzen finden und sofort zu saugen beginnen. Katzenmilch ist fetthaltig, also reicht Kuhmilch, die mehr Kohlehydrate als Fett enthält, nicht aus. Man versuche sein Heil daher mit sieben- bis siebeneinhalbprozentiger Kondensmilch, die aber unter keinen Umständen gesüßt sein darf. Doch wie gelangt sie ins Katzenmaul? Um der Erfindungsgabe, die jetzt einsetzen müßte, vorzugreifen: es gibt verschiedene Möglichkeiten. Die erste, die ich empfehlen möchte, ist die: Man nimmt ein Stück sauberes weißes Tuch, das unter keinen Umständen fusseln darf, und dreht es zu einer langausgezogenen Spitze. Diese taucht man in das vorbereitete Getränk und schiebt sie dem Tierchen ins Maul. Später besorgt man sich ein paar Spielzeugfläsch-

chen mit entsprechend winzigen Schnullern. Der kleinste Babyschnuller wäre viel zu groß.
Wenn das Kätzchen die künstliche Ernährung überhaupt annimmt, wenn es lebenswillig und also hungrig ist, macht die Art der Darreichung – gedrehtes Tuch, Saugfläschchen – die wenigste Sorge. Achten muß man auf zwei Dinge, die nie versäumt werden dürfen, weil sie sonst des Kätzchens sicherer Tod wären: Die kondensierte Milch muß immer warm verabreicht werden, und man muß sie dem kleinen Kostgänger alle zwei Stunden anbieten, bei Tag und bei Nacht, und das immerhin über sechs bis acht Tage. Man darf eben nie vergessen, daß man die Katzenmutter ist, und Mutterkatzen stehen ihren Jungen anfangs Tag und Nacht zur Verfügung. Auch muß man dem Kätzchen stündlich vorsichtig und rhythmisch den Bauch massieren, um Kreislauf und Verdauung anzuregen, man ersetzt damit das Lecken und Säubern der Mutterkatze.
Als ich vor ein paar Tagen Christines Katzenkind besichtigte, erzählte sie mir, sie habe die Mutter des Kleinen, aus Angst um das gerettete Junge, aus der Wohnung fort zu Bekannten aufs Land gegeben. Dort habe man der Katze ein sechs Tage altes Junges angelegt, das sie sofort, wie ein eigenes, akzeptierte.

Wieder ist es Sommer geworden, und der größte Teil meiner Katzensorgen liegt hinter mir. Bijou und Joujou sind eineinhalb Jahre alt, Chichi hat ein gespaltenes Ohr, das fest mit Leukoplast verklebt ist, damit der tiefe Spalt ungenäht die Möglichkeit hat, zusammenzuheilen. Fürst Myschkin hat nichts von seiner würdevollen Distanziertheit verloren.

Seit Wochen streift ein dicker fremder kurzbeiniger struppiger schwarzer Kater mit gelben Augen durch unseren Garten. Anfangs tauchte er nur mehrmals täglich am Zaun auf. Dann benutzte er den Durchschlupf, den sich Bijou eigens zum Eintritt in den Garten angelegt hatte, und man mußte schon ziemlich genau hinsehen, wer von beiden gerade in den Garten kam. Der Fremde zog seine Kreise ums Haus bald enger und enger. Bis eines Tages Myschkin ihm auflauerte. Ganz unvermittelt machte er einen Satz auf den großen Schwarzen zu und fauchte furchterregend. Der Schwarze stand ihm direkt gegenüber. Ich beobachtete beide gespannt und auch ein bißchen ängstlich und überlegte, was wohl geschehen könnte. Eine Weile verharrten sie reglos voreinander. Dann stimmten sie gleichzeitig eine Art Kampfgesang an. Myschkins Tonlage war hell, die des anderen dunkel. Es klang seltsam schön und aufregend. Dann sah es aus, als wollten die Kontrahenten umeinander herumgehen. Sie duckten sich,

Fürst Myschkin in Kampfstellung

wichen nach rechts und nach links aus, standen wieder unbeweglich einer vor dem anderen. Es war ein bis ins Detail erprobtes Kräftemessen und verlieren mußte der, der dem anderen als erster seine Rückseite zuwandte. Ihren Kampfgesang unterbrachen sie keinen Augenblick. Plötzlich schien mir, Myschkins Stimme werde lauter und drohender. Der Schwarze ging einige Schritte rückwärts, Myschkin im gleichen Abstand vorwärts. Das war der Beginn des Rückzugs.

Der Schwarze blickte sich bereits ängstlich um. Hinter ihm, bis zum Zaun, stand dichtes Gestrüpp, vor ihm Myschkin, dessen monoton drohendes Murren eine immer gellendere Färbung annahm. Vermutlich hatte Myschkin ihn vorsätzlich in diese ausweglose Situation getrieben. Denn weiter rückwärts durch die Sträucher zu gehen erwies sich bald als undurchführbar. Der Schwarze, das sah ich genau, war gedrungener und stärker, und mir war gar nicht wohl bei dieser Feststellung. Dennoch hatte ich den Eindruck, als wirke sich auch auf ihn das fremde Terrain hemmend aus. Nun schon immer häufiger blickte er sich für Sekunden um. Sofort schwoll Myschkins Kampfgeschrei merklich an. Bis zu einer dicken Kiefer konnte der Schwarze trotz des verzweigten Unterholzes rückwärtsgehen, Myschkin dicht an seiner Nase. Bei der Kiefer blieben sie wieder voreinander stehen. Schon war deutlich zu sehen, daß der Fremde beim Umgehen des dicken Stammes die Rückseite des Baumes benutzen wollte, um sich umzudrehen und in großen Sprüngen den Zaun zu gewinnen. Es dauerte noch einmal eine Ewigkeit, bis es soweit war. Doch der Fremde hatte seine Rechnung ohne Myschkin gemacht. Denn kaum war seine Rückseite in Myschkins Blickfeld geraten, als dieser ihm auch schon nach einem verblüffend hohen Sprung im Genick saß und ihn mit Vorder- und Hinterbeinen fest umklammert hielt. An ein Abschütteln war nicht zu denken. Myschkin zwang ihn nieder, und schreiend und fauchend wälzten sie sich umeinander. Diesen Augenblick hielt ich dann doch für so prekär, daß ich die Haustüre ziemlich laut aufriß. Das Geräusch ließ beide im selben Moment aufspringen. Der Schwarze rannte augenblicklich dem Zaun zu, Myschkin setzte noch in zwei, drei Sprüngen hinterher, aber ich rief ihn an, und er blieb stehen. Er miaute mich stolz und siegesbewußt an, ich hockte mich zu ihm nieder und lobte und streichelte ihn.

Myschkin hatte sich als Herr des Gartens ausgewiesen, was den Fremden jedoch nicht hinderte, sich weiterhin bei uns herumzutreiben. Er war jetzt natürlich scheu. So genügte es schon, daß Joujou sehr von ferne und sehr vorsichtig den Eindruck erweckte, er wolle sich heranschleichen. Dann räumte der doppelt so große Schwarze ungesäumt das Feld. Er fing schon an, mir leid zu tun. Ich legte ihm Heringsköpfe und Bücklingsreste, die die anderen verschmähten, auf den Weg, den er gewöhnlich durch den Garten nahm. Er verputzte alles. Je näher ans Haus ich die Reste legte, desto weiter wagte er sich vor. Obwohl er dick und schwer war, schien er dauernd Hunger zu haben. Dieses ständige Hungergefühl – oder eine Art Freßgier – überwand schließlich die letzten Schranken. Wenn er im Garten nichts gefunden hatte, schlich er sich äußerst vorsichtig zum Haus, sprang auf den Katzenbalken, spähte durch die herausgenommene Scheibe und war, wenn sich in der Küche nichts rührte und kein warnendes Miauen ertönte, mit einem Satz beim Napf. War dann äußerst unsauber gefressen, das Essen herumgestreut und die Milch um den Napf verspritzt, wußte ich, wer da in höchster Eile seinen Schmaus gehalten hatte.

Seit der fremde Schwarze und vermutlich noch ein paar andere Kater sich in unserem Garten umsahen, hatten unsere vier allesamt das Bedürfnis und auch die Pflicht, ihr Terrain abzustecken. Ein besonders genauer Vertreter der katergemäßen Ausübung war Joujou. Bevor er den Garten verließ und sobald er ihn wieder betrat, stellte er sich mit seinem rückwärtigen Teil ganz nah an einen bestimmten Strauch, hob den Schwanz kerzengerade in die Höhe und zerstäubte eine Wolke ätzend scharfen Urins über die Zweige. Danach trat er beiseite, beschnüffelte sein Werk, schüttelte sich und schritt zufrieden und stolz davon. Ich kann mich allerdings der Überzeugung nicht erwehren, daß er mit dieser Technik zwei Ziele gleichzeitig verfolgte. Einmal das der Abschreckung für alle nahen und fernen fremden Kater, die es gelüsten sollte, in den Garten einzudringen. Und zum anderen, da er und Bijou sich nun im Stadium stolzer Mannbarkeit befanden,

die Bekanntgabe des Vorhandenseins. Vielleicht könnte es doch ein hübsches buntgeschecktes oder einfarbiges Katzenfräulein verführen, die Nase etwas tiefer in den Garten zu stecken.
Diese Art der Abschreckung beziehungsweise Anlockung war akzeptabel, solange sie sich an fremde, ungebetene Gäste wandte. Joujou aber war nach anfänglich sparsamer Betätigung so verliebt in diese neue Fähigkeit, daß er sie auch Bijou und Chichi gegenüber anzuwenden trachtete. Er schien von wahrer Sprühsucht befallen zu sein. Hatte Bijou zum Beispiel sich auf einem Platz im Garten niedergelassen, den Joujou Monate zuvor bevorzugt hatte, wartete Joujou nur auf den Moment, daß jener aufstand, um sich spritzend zu betätigen und zu bestätigen. Solange er diese sprühenden Überlegenheitskunststücke nur im Garten vollführte, ging es noch an. Plötzlich aber lauerte er Bijou auch im Haus auf. Da ich diesen Bienenfleiß gerechterweise nicht bestrafen konnte, mußte ich mich anders zur Wehr setzen. Die Türen der oberen Zimmer blieben geschlossen, nachdem ich festgestellt hatte, daß die unteren Durchgangszimmer von Joujous Veranstaltungen unbehelligt blieben. Vielleicht kreuzten sich dort, vermischt mit seinen eigenen, zu viele Gerüche. Nur Myschkins grüner Henkelkorb, auf dessen alleinigen Besitz Joujou es schon seit langem abgesehen hatte, wurde das einzige innerräumliche

Opfer. Doch auch nur für wenige Augenblicke, denn als mir bewußt wurde, was passiert war, bearbeitete ich den Korb umgehend mit Bürste, Seife und einer schwachen Desinfektionslösung, so daß Joujou sofort jedes Interesse an ihm verlor. Da er, wie schon gesagt, der einzige war, der sich seiner neu entdeckten Fähigkeit mit Ausdauer hingab, blieb uns nichts weiter übrig, als ihn unter Kontrolle zu halten.

Die übrigen drei waren weniger aufsichtsbedürftig, da sie tagsüber, manchmal auch nachts, vom Haus fernblieben. Die Liebe hatte sie allesamt gepackt, und sie mußten in unserer katzenarmen Umgebung ziemliche Strecken zurücklegen, um in die Nähe des schönen Geschlechts zu gelangen. So versäumte regelmäßig wenigstens einer von ihnen die abendliche Fleischausgabe, und ich hielt nicht ohne Sorge Umschau, wenn einer länger als vierundzwanzig Stunden ausblieb. Erstaunlicherweise kamen alle drei, Myschkin, Bijou und Chichi stets ohne sichtbare Spuren großer Kämpfe zurück.

Nur Chichi versetzte uns einmal in große Aufregung. Er kam in überstürzter Hast durchs Fenster ins Eßzimmer gesprungen und blieb mitten im Raum sitzen. Ich glaubte, er sei verfolgt worden, und wunderte mich, daß er nicht gleich unters Sofa gerannt war. Als ich auf ihn zuging, sah ich, wie er eigentümlich rhythmisch mit dem Kopf wackelte.

Es wirkte ausgesprochen unheimlich. Ich sprach ihn an, und als er aufsah, schien mir, als blicke er mich mit irren Augen an. Als ich mich zu ihm niederbeugte, bemerkte ich einen dichten schaumigen Speichelkranz um sein Kinn. Der kleine Kerl kam mir wie verwandelt vor, sein sonst himbeerfarbenes Näschen war schlohweiß und seine rosa Lefzen waren ausgebleicht. Zuerst tippten wir auf Zahnweh und bedauerten ihn sehr. Erst gegen Abend, als er sich immer noch kopfschüttelnd und mit dem Schaumkranz behaftet, den ich ihm immer wieder vorsichtig abtupfte, auf seinem Kissen zurechtgelegt hatte, sah ich, was passiert war. Er gähnte und ließ seine fast zwei Zentimeter hoch gespaltene Zunge sehen. Das abgespaltete Stück, das nicht mehr durch den Zungenmuskel beherrscht wurde, hing fetzenförmig aus dem Maul. Durch das Kopfschütteln wollte Chichi es gewissermaßen abwerfen. Die Zunge tat ihm weh, und der Fetzen störte ihn. Ich rief den Arzt an, erreichte aber nur seine Frau, die mir erzählte, sie habe in der Praxis Katzen erlebt, die sich vor Gier, einen noch an der Angel hängenden Fisch zu erbeuten, im Angelhaken festgebissen hatten. Um vom Angelhaken loszukommen, hantierten sie dann so lange mit den Pfoten im Maul, bis der Haken vom Anbiß bis zur Zungenspitze durchgezogen war. Das hatte die Zunge völlig gespalten. Sie meinte, das könne Chichi auch passiert sein. Da es hier in der Nähe aber weder Seen noch geangelte Fische gibt, nehme ich eher an, daß Chichi von seinem Opfer gebissen wurde. Ich glaube nicht, daß kämpfende Kater einander ausgerechnet in die Zunge beißen. Chichi wird mit einem größeren Beutetier, einem Eichhörnchen oder einer Ratte, eine Fehde ausgefochten und den kürzeren gezogen haben. Nachdem seine Nase wieder himbeerrot und die Zunge zwar gespalten, aber wieder heil war, ging er nur selten fort. Er lag in der Küche auf einem Tablett, bekam ein kleines Kopfkissen, auf das er graziös den Kopf bettete, spielte noch ein bißchen krank und wachte eifersüchtig darüber, daß niemand ihm das Tablett streitig machte.

Als wir viele Jahre später aus dem Haus auszogen, in dem die Katzen groß geworden waren, konnten wir sie nicht mitnehmen. Sie waren nicht mehr jung, und wir wußten nicht, wo wir uns schließlich niederlassen würden. Ein bereits absehbar häufiger Quartierwechsel konnte ihnen nur schaden. So bleiben sie dort, wo wir sie zurückließen, wenigstens in gewohnter Umgebung, behielten Haus und Garten und wurden liebevoll von meiner Tochter betreut.

Und nun ein Leben ohne Katzen? Das konnte es für uns schon deshalb nicht geben, weil mein Mann fest

Minouche

davon überzeugt war, er ziehe Katzen an. Und so kreuzten sie schon bald unseren Weg. Wir nahmen sie auf, sie bevölkerten das Haus und wurden geliebt. Einige blieben für immer, anderen war die Freiheit mehr wert als ein voller Napf, und wieder andere begnügten sich mit Gastrollen.

Doch die Königin unter all diesen Katzen ist Minouche. Sie ist ein Wildling, ich fand sie vor sieben Jahren im Wald. Sie ließ sich mitnehmen, nachdem ich sie eine Woche lang täglich mit Fleischstückchen angelockt hatte. Schön ist sie nicht, sie ist von der gewöhnlichen Art, braunschwarz getigert, mit weißen Füßen und einem cremefarbenen Bauch. Aber sie ist die menschenähnlichste unter meinen Katzen. Sie kann mit Gesten und gewissen Lauten Freude oder Mißbehagen kundtun. Zieht, noch kaum wahrnehmbar, ein Gewitter herauf, läuft sie knurrend durch alle Zimmer, ehe sie sich im dunkelsten Winkel unter der Kellertreppe versteckt. Als sie noch jünger war, maunzte sie jedesmal wie ein verliebter Kater, wenn sie eine Maus erwischt hatte. Vor fremden Menschen und fremden Katzen hat sie Angst, sie flüchtet sofort. Ihr Zutrauen zu erringen ist auch für mich nicht immer leicht. Sie kann mich von einem Augenblick zum anderen mit Liebe überschütten, sie kann aber auch stundenlang gekränkt sein, wenn ihr etwas nicht paßt. Dieses Gekränktsein ging oft bis zum Essensverzicht, bis zum Anknurren, sobald man sich ihr nur näherte. Oder sie verschwand für Tage, und ich bin sicher, sie wußte, daß man unentwegt nach ihr suchte. Auf Rufen und Locken kam sie nicht, sie kam erst, wenn man sie endgültig verloren glaubte, und dann genoß sie sichtlich die allgemeine Wiedersehensfreude.

Sie hat ihr Wildkatzengehabe nie ganz abgelegt, sich aber gleichzeitig – instinktiv oder als Ergebnis aus langen Jahren – ein außerordentliches Gespür zugelegt für das Haus und seine Bewohner. So war sie immer die erste, die meinen Mann begrüßte, wenn er von irgendwoher nach Hause kam. Ihn liebte sie unvoreingenommen. Sie saß neben ihm, wenn er las oder arbeitete, sie schlief vorzugsweise in der Nähe seines Bettes. Und als er starb, wich sie lange nicht von seiner Seite.

Sie ist ein Vermächtnis und nicht mehr fortzudenken aus meinem Leben. Sie ist mein keltischer Aberglaube, »nach dem die Seelen der Lieben, die uns verlassen haben, in irgendein Wesen untergeordneter Art gebannt bleiben, ein Tier, eine Pflanze, ein unbelebtes Ding ...«, wie Proust in »Auf der Suche nach der verlorenen Zeit« schreibt. Eines Tages, so heißt es weiter, kann es geschehen, daß wir im Vorübergehen dort die Seelen in ihrer Eingeschlossenheit erkennen, dann ist der Zauber gebrochen. »Befreit durch uns, besiegen sie den Tod und kehren ins Leben zurück.«

Kleine Minouche, ist sie soviel Übersinnlichkeit gewachsen? Dann vielleicht, wenn sie äußerst erhaben über allem Katzengewimmel hoch auf dem Barockschrank thront, weniger aber, wenn sie – Attribut ihrer Behäbigkeit – schnaufend und polternd Mäuse fängt.

Umgang mit Katzen – mit Tieren überhaupt – als Wechselbeziehung aufgefaßt, scheint mir eine hervorragende Schule für gegenseitige Achtung, für Toleranz zu sein. Sie lehren uns so vieles, wenn wir nur den Verstand aufbringen, uns belehren zu lassen. Allein die Tatsache, daß sie uns scheinbar auf

Gedeih und Verderb in die Hand gegeben sind, ist für uns die erste erzieherische Hürde. Man nimmt sie nur dann, wenn man begriffen hat, daß Katzen niemals bereit sind, sich nach menschlicher Vorstellung formen zu lassen. Sie sind Fremdlinge vom ersten Augenblick an, und doch erfüllt ihre lautlose Anwesenheit das Haus mit geheimnisvoll Vertrautem. In diesem scheinbaren Widerspruch offenbart sich viel vom Wesen der Katze.

Machen wir sie uns also empfänglichen Herzens zu Freunden, bewundern wir ihre jahrtausendealte, wechselvolle Geschichte und versuchen wir, von ihnen zu lernen. Ein Wort aus sehr früher Zeit sagt:

»Wenn das Gesetz den Kindern Israel nicht gegeben wäre,
so hätten wir Zucht und Art von der Katze gelernt.«

Zu dieser Ausgabe

insel taschenbuch 2368: Monica Huchel, Meine Katzen. Dieser Text erschien erstmals als insel taschenbuch 808 im Jahre 1985 unter dem Titel »Fürst Myschkin und andere. Ein Katzen-Brevier«. 1994 erfolgte eine korrigierte Neuausgabe unter dem Titel »Meine Katzen« als insel taschenbuch 1602. Dem Text dieser Ausgabe folgt der vorliegende Band.
Zu den Abbildungen: Monica Huchel, Staufen im Breisgau: S. 152; Henning Kürschner, Rom: S. 17; Karl Alfred Wolken, Rom: S. 14, 15; Roger Melis, Berlin: S. 22 bis 143; Umschlagfoto: Mauritius

Das schöne insel taschenbuch in großer Schrift

it 2323

Isabel Allende
Das Geisterhaus
it 2341

Elizabeth von Arnim
Elizabeth und ihr Garten
it 2338

Elizabeth von Arnim
Verzauberter April
it 2346

Emily Brontë
Die Sturmhöhe
it 2348

Hans Carossa
Eine Kindheit
it 2345

it 2332